Fröbel's letztes Lebensjahr: Tod und Beerdigung.

フレーベルの晩年

死と埋葬

エレオノーレ・ヘールヴァルト 編
小笠原道雄・野平慎二 訳

東信堂

ハインリヒ・シュトラウフによるフレーベルの肖像画
本文５頁以下を参照

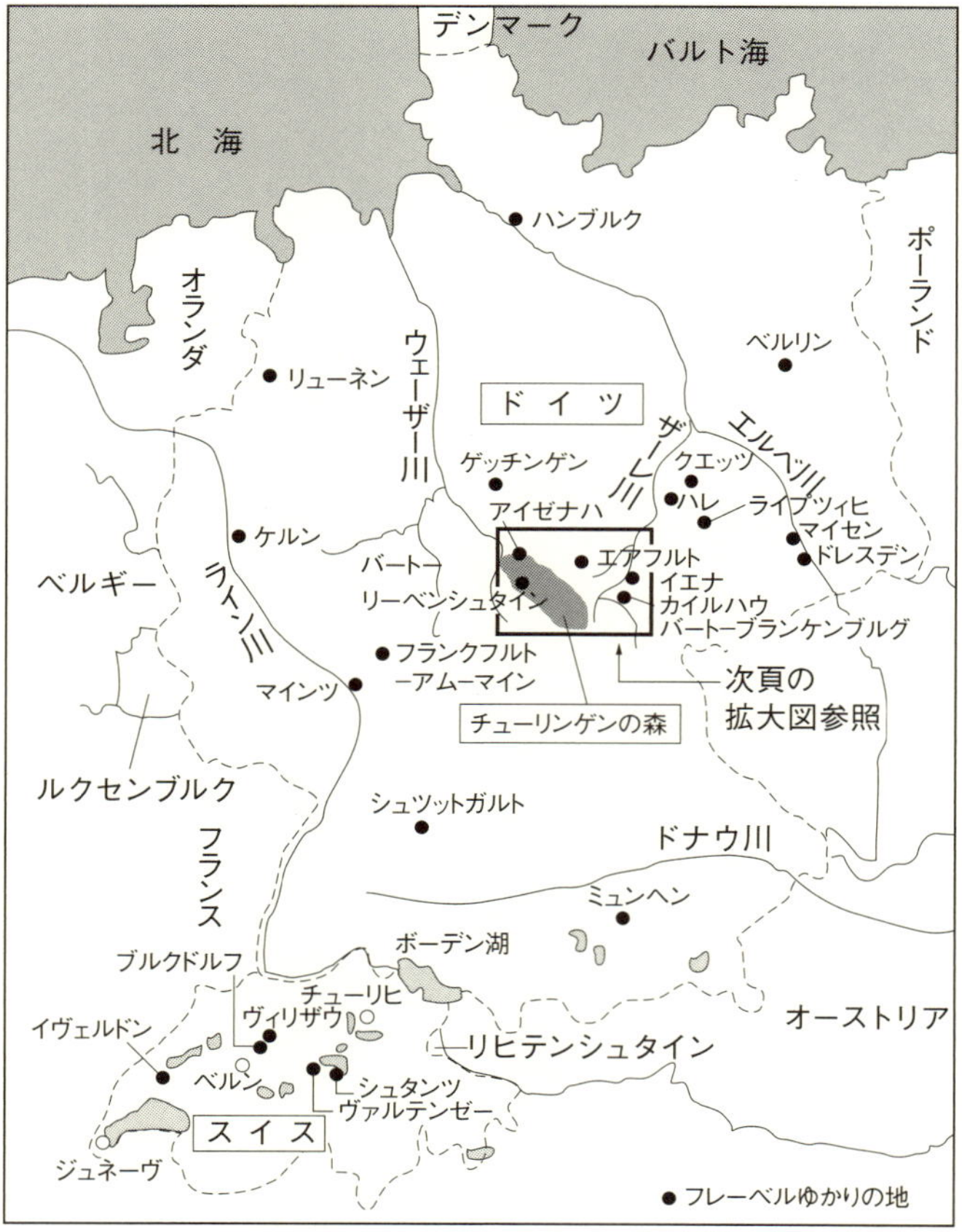
デンマーク
バルト海
北　海
ハンブルク
ポーランド
オランダ
ベルリン
リューネンン
ウェーザー川
ドイツ
ザーレ川
エルベ川
ゲッチンゲン
クエッツ
ハレ
ライプツィヒ
アイゼナハ
マイセン
ドレスデン
ケルン
エアフルト
ベルギー
ライン川
バートー
イエナ
リーベンシュタイン
カイルハウ
バートーブランケンブルグ
フランクフルト
ーアムーマイン
次頁の
拡大図参照
マインツ
チューリンゲンの森
ルクセンブルク
シュツットガルト
ドナウ川
フランス
ミュンヘン
ボーデン湖
ブルクドルフ
チューリヒ
オーストリア
イヴェルドン
ヴィリザウ
リヒテンシュタイン
ベルン
シュタンツ
ヴァルテンゼー
スイス
ジュネーヴ
フレーベルゆかりの地

フレーベル関係地図

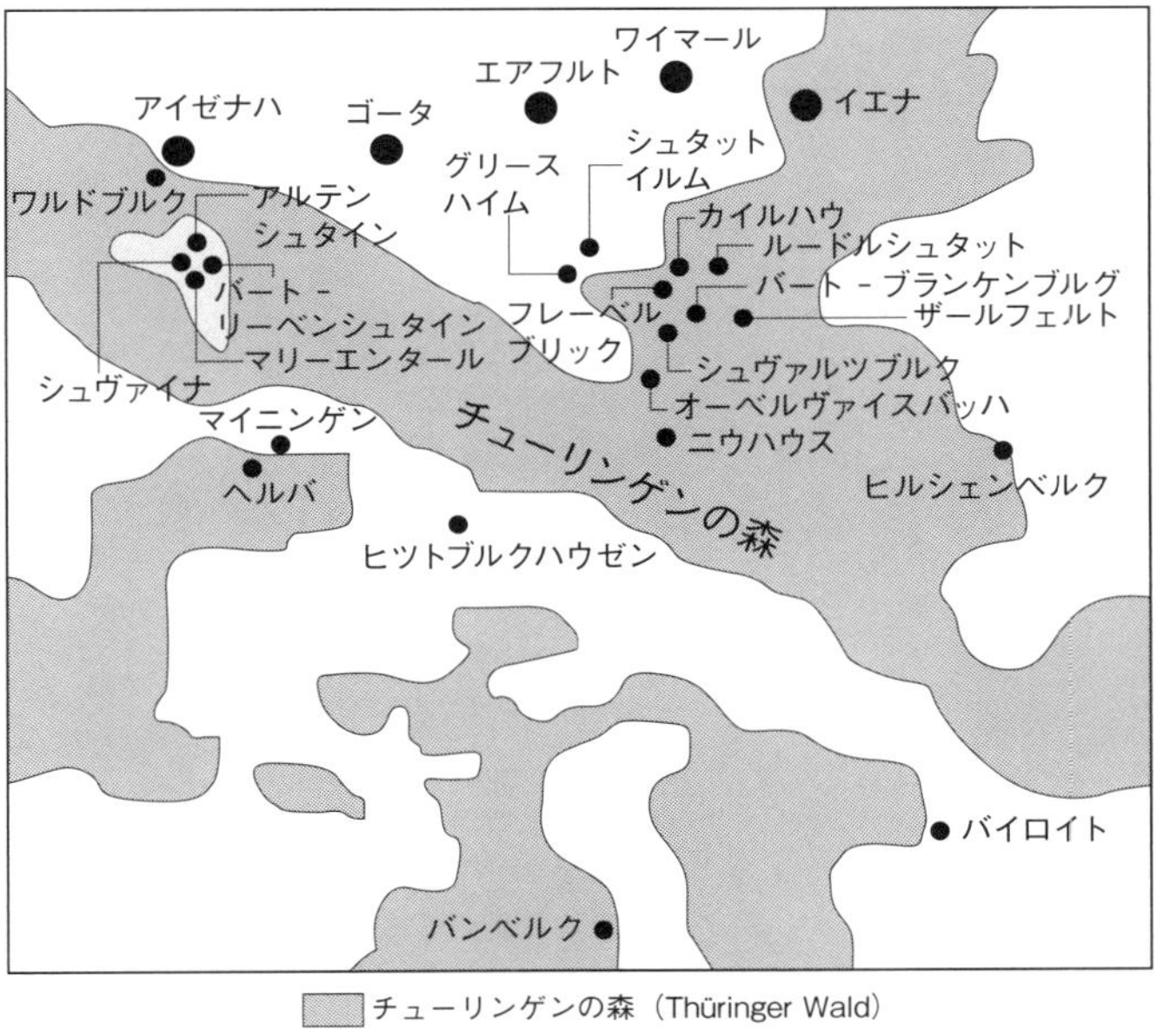

フレーベルゆかりの地（チューリンゲン）

『ペスタロッチー・フレーベル事典』玉川大学出版部、1996年より引用

シュヴァイナにあるフレーベルの墓碑

訳者まえがき

本編著は、フレーベルの最愛の使徒といってもよいエレオノーレ・ヘールヴァルト女史（一八三五―一九一一）がバート・ブランケンブルク、フレーベル博物館所蔵の資料にもとづいて、一九〇二年六月二一日、フレーベルの没後五十周年によせて編んだ追悼論集です。内容は、一八五一年六月九日のフレーベルの再婚という喜ばしい日常生活から始まり、突如襲った同年八月七日のプロイセン国王によるフレーベル式幼稚園の禁止令という衝撃。それに対しフレーベルを支援する九月のリーベンシュタインでの教育者会議、最後のフレーベルの活動として一〇月、禁止令の解除を求める第二回目のプロイセン国王大臣へのフレーベルの請願書――それはフレーベルの信仰告白といってもよいものです――、さらに一八五二年六月三日、招待されたゴータでの教師会議での穏やかなフレーベルの喜びの表情、その一八日後の一八五二年六月二一日、フレーベルの生の終わりに至るまでの、突如襲ったフレーベルの病と死の床での人間模様、そして埋葬の際の人々の深い悲しみの様子が、「死と埋葬」のタイトルのもと、マリーエンタールの豊かな自然の描写とともに墨絵のように描かれています。

このように本編著は、フレーベルの晩年の生活と諸活動が実に生き生きと、そして感動的な筆致で描かれている数少ない貴重な資料です。

なかでもハイライトは、フレーベルの七〇歳の誕生日の描写です。この式典をとりおこなった愛弟子であり同僚のミッデンドルフによる歌詞の中には、フレーベルの考案した「恩物」が示唆されています。祭壇の中央には聖母マリアの肖像画が飾られ、それを中心にフレーベルと参加した多くの子どもたちが応答しながら歌う場面は、実に感動的です。この場面もまた、フレーベルの考案した育児書、『母の歌と愛撫の歌』の「詩」と「音楽」と「絵画」が見事に統一され、演出されたものです。そこには幼稚園、保育園における子ども達の誕生会等にみられるお祝いごとの「原型」が見事に示されていると思います。この「原型」、つまり親–子–保育者が共同して子どもの成長を共に祝うことは、その後の子どもの成長にとってきわめて重要なことなのです。

本編著者のエレオノーレ・ヘールヴァルト女史は、巻末の「解説」でも紹介しますが、マルチン・ルターやJ．S．バッハとの関係で知られるアイゼナハの出身です。アイゼナハはチューリンゲン地方の西南部の入り口に位置します。晩年フレーベルが安住の地として求めたこのチューリンゲン地方西南部は、ドイツの「緑の心臓」ともいわれる山岳地帯で、厳しい気候の東南部に対して、なだらかな起伏の地形であると同時に、ドイツ語のバート（湯治場）といわれる言葉に示されるように保養地でもあります。この保養地でフレーベルは、後にフレーベルの幼稚園を世界に知らしめるマーレンホルツ＝ビュロー夫人、そして教師教育の父ともいわれるディースターヴェークと出会うのです。なにしろ、ディースターヴェークは、フレーベルの『母の歌と愛撫の歌』を小脇に抱えて毎日フレーベルのもとを訪ねた、ということですから大変な熱の入れようです。

このようにアイゼナハは、「ドイツ魂のふるさと」とも呼ぶべき自然の豊かな小都市です。ですからヘールヴァルトは、フレーベルが求めた終焉の地であるこの地方の自然やそこで生活する人々の習慣や人柄を十分に知り尽くしていました。本書の特徴は、編者のその土地柄に対する愛着とそれを求めたフレーベルに対する献身でしょう。本編著がアイゼナハのホーフ製本印刷出版社から刊行されていることもその証左です。

このような点を考慮して本書には、フレーベルのゆかりの地「チューリンゲンの地図」を入れました。フレーベルの誕生祝いに近郊のいろいろな土地から時間をかけて、ある時は歩きながら、ある時は荷馬車に乗って多数の子どもたちが集うのですが、どうぞそれらをこの地図でご確認いただきたい。そこにはただただ「子どもたちの父」フレーベルに対する子どもたちの敬愛と感謝の気持ちが表出されているのです。

最後に、本書の巻頭にはシュヴァイナにあるフレーベルの墓碑の写真を入れました。この写真は本編著の八〇頁に挿入されているものです。したがいまして一九〇〇年頃の写真でしょう。こんにちこのお墓には、フレーベルの妻ルイーゼの小さな墓石がフレーベルのレリーフの前に置かれています。二人はこの地で永遠の眠りについているのです。

二〇一四年六月二一日　フレーベルの没後一六二年の記念の日に

訳者の一人

小笠原道雄

フレーベルの晩年――死と埋葬――／目次

訳者による凡例

一、原文中、太字で印刷されている語句は太字で示した。また、隔字体（ゲシュペルト）で強調された語句には傍点を付した。

二、本文中、聖書からの引用やそれに準ずる箇所は、日本聖書協会発行『口語訳　聖書』一九八一年を参照して訳出し、聖書のなかの該当箇所を〈　〉によって付記した。

三、本文中、＊の印は原注を、また［2］などの数字は訳注を示す。

フレーベルの晩年――死と埋葬――

I．フレーベルの再婚

一　ドレスデン

人類の幸せのために十分に力を尽くした人生を過ごした後で、フレーベルはようやく安らぎを与えてくれる港にたどり着いていた。彼はそれを「生の合一」と名づけていた。彼にはすでに数年前から、故郷を慕う気持ちが強くなっていた。自然に恵まれた環境のなかで、彼の最後の創造活動を、つまり幼稚園の女性教師――母親の愛情をもって教育という召命を遂行する女性――の養成を行うためである。それゆえ、旅をする必要のない、またそこで婚約者のルイーゼ・レヴィンを妻に、そして母親にすることのできる故郷を求めていたのである。アイゼナハに教育機関を創設するという彼の計画は実現しなかった。それを妨げていた要因のひとつは、一八四八年の革命[1]であった。彼は倦むことなく、その年の夏ルードルシュタットに教育者会議を召集した。そこでは彼の教育方法が検討されることになっていた。教師たちが当初抱いていた反感[2]は、シュマールカルデンの教区監督ハービヒトが行った印象深い講演によって一掃された。会議の結果、フレーベルはドレスデンに招待され、一〇月にそこへ赴き、一八四九年の春までそこにとどまることになったのである。彼は男女生徒たちの大きな一団を任された。彼らの名前はすべてフレーベルの記名簿のなかに記されている。骨の折れる、しかしまた楽しくもある仕事に携わっていながらも、故郷を求める思いが彼の心を離れることはなかった。彼はザクセン・マイニンゲン侯爵領のリーベンシュタインが最適の地であると考え、冬のさなかの二月二四日にそこを訪れ、三〇年来目にしていなかった風景を再び思い浮かべた。たとえこの季節であっても、彼にはその風景が気に入っていた。旧知の人々からの出迎えと歓待は心を尽くしたものであった。その家族についての言及はない。しかし彼の地は小さく、冬場には湯治客も逗留していなかったので、それはミュラー家であったと思われる。一家は保養施設と御料地を侯爵政府から借り受けており、彼とは親しい間柄であった。二月二六日、彼はアイゼナハから、リーベンシュタインでの二日間の滞在の様子をまったくの上機嫌で書き送り、かねてより計画していた教育機関の創設を実行に移すため、ルイーゼ・レヴィンと甥の娘のアルヴィーネ・ミッデンドルフを、春が訪れたなら彼のところへ来るように、と招いた。四月の終わりにフレーベルはドレスデンを離れ、五月一日にリーベンシュタインに着いた。彼はまず保養のための別荘に、続いて御料地に住んだ。ヘンリエッテ・ブライマン――ルイーゼやアルヴィーネとともにフレーベルのもとでカイルハウでの教員養成計画に携わった人物――も、フレーベルを助けるべくやって来た。ドレスデンを出発するにあたり、たくさんの感謝と敬慕がフレーベルに捧げられた。人々は彼の授業の素晴らしさを心からの言葉で讃えた。ここで、彼の記名簿の一頁だけでも紹介されてしかるべきであろう。というのも、そこには、六七歳のフレーベルの見事な肖像画の制作に関する経緯が同時に記されているからである。そこには次のようにある。

「人類の幸福は、人間の教育についてあなたが説く理念のなかにあります。なぜなら、それはけっして尽きることのない、繰り返し新たに自己に生命を与える、生の力に満ちた源だからです。けれども、まずその統一と自由と偉大さのために戦っている私たちの故国に重ね合わせて考えるならば、その力に包まれることで、そのあらゆる努力の獲得と存続とが保証されるのです。したがって、自分の故国を愛している人は誰でも、彼に与えられた力を、その意味において働くことに向けねばなりません。そして、敬愛する人よ、あなたはその意味を私のうちにも呼びさましてくれました。それゆえ私は、あなたと知り合えたことを幸せに思っています——。私は、あなたの精神が思慮をもって行う事柄を、肖像によって描き出す技術を持ち合わせています。もちろんささやかな能力ですが、真なる感激と暖かな気持ちとともに、私はそれをあなたに捧げたいと思います。あなたが肖像を構想するために捧げた時間は、私にとっていつまでも忘れられないものとなりましょう。なぜならその時間は、私の人生の呼び声に、努力して到達すべき目標を示してくれたからです。私の暖かい感謝の意をどうぞお受け取りください。そして時々には、私のことを親切にも思い出していただければ幸いです。それを希望しつつ、大いなる尊敬の念とともに署名いたします。

あなたに心服している
ヴェツラルのハインリッヒ・シュトラウフ
ドレスデン、あなたの肖像が完成した日
一八四九年四月三〇日

これを受けて、次のような回状が知人と聴衆とに送られた。

フリードリッヒ・フレーベルと幼稚園の理解者へ

この冬、ここドレスデンで人間教育についての講演がフレーベルによって行われました。それに接した聴衆と理解者の心のなかで、彼が感謝すべき永遠の記憶となったことは確実です。彼らは、その人柄を偲びつつ可能な限りいつも彼の功績と生の目標を心に思い浮かべたいと考えております。今、彼がドレスデンを出発するにあたり、彼の生き写しの肖像画を持っておきたいという願望を呼び起こされるのも、こうした人々にとっては当然でありましょう。フレーベルの事業に厚い好意をもって協力した、若く有能なひとりの芸術家が制作を引き受け、全力と全霊をもって完成された肖像画は、フレーベルの人柄を十分に理解した上での肖像画を望む要求に応えうるものであります。さて、この肖像画を適切に複製し、すべての理解者の手許に届けるためには、複製と頒布の費用がまず十分に確保されねばなりません。この目的のために、署名を始めることが決まっております。そしてこの企画を実行するため、当地のフレーベルの教え子たちと理解者とで構成される実行委員会が設けられました。得られた利益は幼稚園の事業を促進するために使用される予定であることを委員会が署名者に知らせるならば、きわめて多くの署名が肖像画に寄せられ、この事業への参加者をさらに増やすことができると思われます。

石版印刷の作品はフレーベルの複製画と署名入りで、値段は署名者には特別にできるだけ低く定められております。ベーラム紙の作品はひとつ一五新グロッシェン、薄葉紙の作品はひとつ二〇新グロッシェンとなっております。署名の締め切り後には、注文引き渡し価格、店頭小売価格ともにきわめて高く引き上げられます。

委員会は、この素晴らしき事業のすべての理解者が互いに支援に努めるであろうことを確信しております。下絵はすでに作者によって完成されていますので、参加希望が数多く出され次第、肖像画は七月の半ばまでには署名者の手元に届けられます。それゆえ、予約注文のリストができるだけ速く(無料で)署名者に送られることを切に望んでおります。

ドレスデン、一八四九年五月初め

実行委員会[3]

A・フランケンベルク、ザイラー通り二番

アウグステ・ヘルツ

テクラ・フォン・グムペルト
ブルーノ・マルクヴァルト、オストラ通り一〇番
グスタフ・リッツ

二　リーベンシュタイン

さて私たちは、リーベンシュタインの自然に恵まれた環境のなかで少女たちを教え、村の子どもたちと遊ぶフレーベルを思い描くことができる。その姿は湯治客の注目を集めた。「老人のすること」と、客たちは彼を冷笑した。しかし慧眼を備えた者は、彼のなかに国民の教師の姿を見て取った。そのような人々のひとりに、フォン・マーレンホルツ男爵夫人がいた。彼女はまた後に、フレーベルのもとで共に学ぶことをディースターヴェークに勧めた人物である。七月の始めにはルイーゼ・レヴィンが、ヘンリエッテと活動していたフレーベルを手伝いにやって来た。フレーベルは彼女をアイゼナハまで歩いて迎えに行き、八人の女子生徒のいる施設の長として採用した。勉学、散歩、そして訪問と、活気に満ちた素晴らしい夏が続いた*。小さな子どもたちのなかには、九歳の男の子もいた。フレーベルが御料地の後ろの牧草地へ歩

いて出かける時には、その子もしばしば仲間に加わった。その子にとってこの男は、そこでは「子どもたちを自分のもとに来させ、尽きることのない忍耐力と人間愛で子どもたちを喜ばせるキリストのように感じられたからである」(アイゼナハの年金生活者で、先に触れた保養施設のミュラー夫人の息子であるゴットハルト・ミュラー氏の手紙より)。

＊本書の編者は、五月一三日、アイゼナハのヘールヴァルト家とマイニンゲンのデプナー家が計画した家族どうしの交流の日に、保養施設における昼食の席で、フレーベルと彼の女子生徒たちに会っている。

そうする間にもフレーベルは、シュヴァイナにあるマリーエンタール宮殿の件でマイニンゲンの侯爵政府に問い合わせている。その宮殿を彼は借り受けようと望んでいた。御料地はもはや十分に広いとはいえなくなっていたからである。とはいえ、回答がようやく届いたのは、一八四九年の一二月になってからであった。その時には彼はすでに、半年間の授業のために、一〇月から再びハンブルクに赴いていた。そのためクリスマス期にはリーベンシュタインへ行き、仲間とともに楽しい祝祭の時を過ごした。彼はそれをすべて喜びに満ちた祝祭に仕立て上げた。ルイーゼが一緒に幼稚園活動を始めていたリーベンシュタインの子どもたちのうち、男の子はモミの木で、年少の女の子――彼女らにとってルイーゼは母親であり、また友達であった――は工夫の凝らされた恩物で、それぞれ楽しい時間を過ごした。また、彼を訪ねて来る家族に対してフレーベルは親しく言葉をかけた。彼は時間を見つけて書類を整理し、ルイーゼの甥であるレナー氏に彼の著作の販売と事業資金を委託し、「週刊誌」の第一号を編集し、そしてマリーエンタールの宮殿を借り受けるにあたっての詳細を交渉するため、マイニンゲンまでそりで遠出をした。その後、寒い大晦日の夜、彼はハンブルクに戻った。彼はそこで、最初の市民幼稚園と多数の私設幼稚園を設立し、多くの喜びを味わった。しかし同時に、さまざまに現れ出てきた派閥に起因する苦悩も数多く体験することになった。ひどく疲れ果てた体で、彼は年の始めにマリーエンタールにやって来た。そこでは、新しい女子生徒たちとの授業が五月一日に始められた。マリーエンタールは彼の居住地として認められた。ルイーゼ・レヴィンも彼のいない間にリーベンシュタインからそこへ移り住んでいたのであるが、そのさわやかな田舎の空気と静かな環境のなかで、彼はほどなくして元気を回復することができたのである。

侯爵省の発行した最初の文書には、次のように記されている。

「これをもって我々は、以前、本年四月一〇日付けでなされた、幼少の子どもたちを世話する女性教師を養成する教育施設の創設に関する未決定のままの案件に関して、最高責任者からの指示に従って、貴殿に以下のことをお知らせします。上で述べられた貴殿の目的を達成するために、解約告知がいつでも可能であるという条件のもとで、マリーエンタールの宮殿の上階と、下の階の台所および地下室を、低料金で借りることが貴殿に認められます。そこで、この件に関して貴殿から追って説明を受けたく思います。

マイニンゲン、一八四九年七月二四日

侯爵国家省

財政局」

同じ年(一八四九年)の一一月、フレーベルはさらなる請願を行っている。建物全体の借り受けを求めたのである。しかし下階はすでに別の人に貸し出されていた。その請願を受けて、上階に台所が設けられ、一年あたり一五〇グルデンの貸料で三年間の賃貸契約が結ばれることとなった。次の年、一八五〇年の一二月には、一八五一年五月から一八五二年までは七〇グルデンとすることに契約が改められ、フレーベルはこれに署名した。

三　マリーエンタール

さて今や、フレーベルの生涯に休息と回復とをもたらすことを約束する時がやって来た。彼がブランケンブルクに幼稚園を設立して以来、ちょうど一〇年が過ぎ、彼はその活動に時間と精力のすべてを捧げてきた。彼は数多くの成功を振り返ることができたが、同時にさまざまな失望も積み重ねられてきた。しかし種子は確実に播かれていた。果実もゆっくりと熟していった。それゆえフレーベルは、ドイツ国民の教育のために働いてきたという思いを自らのうちに抱いていた。そして今や彼は、著作や彼を訪ねて来る者への助言を通じた、安らぎに満ちたさらなる活動を希望していた。

その間フレーベルは、いくつかの仕事を片付けるため、そして新しい計画――その中心はルイーゼ・レヴィンとの婚約、さらには結婚であった――を親族に伝えるために、ハンブルクからカイルハウまで旅をした。一八三九年に彼はブランケンブルクの名誉市民に選ばれていたが、彼は将来の妻にも同じ称号が授与されることを望んだ。万一彼が早く亡くなるようなことがあっても、できれば広く認められた地位を彼女に確保しておくためであった。けれども彼の願いは却下された。すべての試練は最良の結果に貢献する、という確固たる確信のなかで、彼はこの失望を冷静に受け止めていた。

さて、ついに彼はマリーエンタールに居を移した。住まいは明るく飾られ、マイニンゲンの田舎も祝祭の衣裳をまとっていた。なぜなら、人々の皇太子が年下の妻とともに故郷へやって来るからである。彼に敬意を表して、マリーエンタールの宮殿は豪華に飾りたてられた。朗らかな女子生徒たちの仲間は、新しい家の緑豊かな木のもとでフレーベルを迎えた。彼の顔には、しかしながら過労の跡が浮かんでいた。落ち着いた田舎の生活のなかでそれが間もなく消えることを彼は望んだ。この年も素敵な活動の時間が彼に訪れることになった。風情のある一帯を散歩することは良い気晴らしとなった。フレーベルは、石や苔について説明し、あらゆる自然現象を観察することを教えた。朝の授業は戸外で行われた。午後からは、シュヴァイナの村の子どもやリーベンシュタインの湯治客が、フレーベルの話を聞きに、またその遊戯を見にやって来た。リーベンシュタインの幼稚園は、侯爵夫人が養成させたひとりの女性保育者によって運営されていた。八月四日には、アルテンシュタイン宮殿の近くの牧草地で、遊戯祭が盛大に開かれた。近郊のすべての村から、フレーベルに教えを受けた教師の指導のもと、子どもたちが集まってきた。多くの人々が関心をもってマリーエンタールを訪れ、フレーベルは自らの活動に幸福を感じていた。穏やかで気持ちのよい冬がそれに続いた。一一月には新しい女子生徒たちが加わった。クリスマスは出席者たちにとって感動の頂点であった。その愛の祝祭についてフレーベルが行った講話は深い感動を引き起こした。とりわけ、人がお互いにいかに愛情をもって接し合えるかを、彼自身がその行動と思索のなかで例示したのである。アイゼナハから花台が贈り物として届けられた。女子生徒たちは皆故郷からの贈り物を受け取った。そして喜びは建物に満ち溢れた。祝祭の間にも近くに住む家族が訪ねてきたが、フレーベルはそれらすべての人にとって祝祭が喜びの日となるよう取りなした。大晦日の夜には、フレーベルは知人たちとともに、リーベンシュタインで親しくしているミュラー家を訪問した。そこでは彼は進んで愉快な催しに加わった。真摯で楽しい活動のうちに、またフレーベルと、彼をさらに理解しようと努めていたルイーゼ・レヴィンとの精神的な近寄りのうちに、その冬は過ぎていった。無限の忍耐と好意とをもって、彼は彼女のなかに自信を呼び起こしていた。そしてその結果、結婚によって結ばれたいというお互いの願望は強くなっていった。フレーベルの年齢は彼女にとって問題ではなかった。彼女は、女性教育に対するフレーベルの功績に報いなければならないと考え、また彼の忠実な伴侶となることが自らの義務であると考えた。彼女を取り巻く人は、おそらく彼女が判断に迷うよう仕向けたであろう。そしておそらく彼女は、この重大な一歩を踏み出すにあたって誰も彼女を理解してくれないことに苦痛を感じたに違いない。

親戚や旧友のうち、彼女を助けてくれる者は誰ひとりなく、それが彼女を苦しめた。しかしそうしたなかで祝福に来てくれたのは、カイルハウのミッデンドルフと、フォン・マーレンホルツ夫人であった。ミッデンドルフがルイーゼを、マーレンホルツ夫人がフレーベルを、それぞれ祭壇の前へと導いた——花嫁の花冠は新しく友人になったアイゼナハのユーリエ・トラベルトが贈り、花嫁衣装は女子生徒たちが彼女のために仕立てたものであった。

マリーエンタールで行われた結婚式の訓話

フリードリッヒ・フレーベルと
フリーデリケ・ヴィルヘルミーネ・
ルイーゼ・レヴィンとの
マリーエンタールでの聖霊降臨祭の二日目、一八五一年六月九日の婚礼に際して
シュヴァイナとリーベンシュタインの牧師
E．リュッケルト*によって語られた聖なる言葉

＊詩人フリードリッヒ・リュッケルトの弟

「親愛なる新郎新婦よ、あなたがたが博愛に満ちた活動を行う場所となってきた、皆に開かれた住まいは、今日、あなたがたが家庭祭壇の前で互いに結婚を誓い、それについて主に仕える牧師やその家の住人や友人が、あなたがたとともに、そしてあなたがたのために、天上からの祝福の言葉をかけることによって、清められ、聖別されました。この愛らしい谷間は、そしてあたりの自然は、祝祭の、結婚式の、そして婚礼の装いで一面に飾られてはいないでしょうか？　それは、春の新しい創造物のなかから、美しさを創り出し喜びをもたらしつつ私たちに吹き寄せてくるような、永遠の愛の精神ではないでしょうか？　それは、子どもの心のなかでも働き作用している精神、春の花開くまなざしのなかから、また同様に無邪気な子どものまなざしのなかから、私たちを見つめる精神、そして「幼な子らをそのままにしておきなさい。わたしのところに来るのをとめてはならない。天国はこのような者の国である」〈マタイ、一九・一四〉と語った父と子の精神と同じものではないでしょうか？　それはさらに、降臨に際して信奉者の心を燃え立たせ、わずかな手段で大きなことを成し遂げるよう力づけたのと同じ聖霊ではないでしょうか？　そしてこの聖霊の炎は消えてしまっているのでしょうか？　いいえ、そうではありません。その炎はここでもあなたがたの暖炉を見つけています。聖霊降臨の時、ペテロは言いました。「この約束は、あなたがたと、あなたがたの子らに、与えられているものである！」〈使徒行伝、二・三九〉、と。その声は今日もなお響き続けています。そして彼はまた、この炎が燃えることによって後の世代に対する聖霊の降臨が実現すること、私たちの子どもたちが神の子へと創り上げられること、彼らに宿る神性が、愛情深く十分に配慮された養育によって早くから開花することについても語っています。それは、尊敬すべき友よ、あなたの努力です。それは、創造的な精神に耳を傾け、それがほんのわずかの芽生えから調和的に段階をおって素晴らしい多様性をいかに展開させるのかを学び知ることによって、あなたが、精神におけるすべての考え、心におけるすべての力、存在におけるすべての時間を捧げてきた目標です。それはまことに、天上から与えられた使命と指導でもあり、光の父からの賜物、聖霊の言葉でもあります。それらは、あなたを照らし、困難や障害と戦う時にはあなたを慰め、ますます拡がっていく輪のなかで小さなものから大きなものを創り出すようあなたを力づけるものです。しかしながら、この勢いのある精神の高まりが家庭内での配慮によってその高みで支えられるように、引き下げられ衰えさせられることのないように、あなたはもはや孤独であってはならず、神が召した忠実な伴侶の代わりを探し求めなければなりません。人間の歴史の慈悲深い指導者に感謝しましょう。彼は、誠実な心をもつ新しい女性をあなたに見つけ出させたのです。その女性は、すでに長い間、子どものような敬慕とともにあなたに従っており、あなたは、その献身に対して必ずやふさわしい評価を与え、心からの愛情と細やかな配慮をもって生涯にわたって報いることになるでしょう。そして親愛なる新婦よ、あなたはやがて見るでしょう。これまでに乗り越えられたためらいが、愛によって、夫を――善良な人は皆敬愛の念とともに彼の名を口にします――持つことによって、彼への、また彼の偉大で素晴らしい仕事を実り豊かに仕上げることへの献身と配慮と忠誠の意識によって、すべて埋め合わせられ、報いられることを。教師の、そして友の心からあなたの心へと移ってきた高貴な感激があなたにこの真摯な一歩を踏み出させました――私がこのように申し上げる時、私はそれをあなたの心から読み取ったように思います。

つまり、あなたがたの結婚は、内なる心の価値と相互の敬愛に基づいており、そして善さに対する純粋な愛から出発したものであり、神に認められたものであります。そして私は、あなたがたの婚姻が神の加護のもとに申し分ないものであることを、確信をもって宣言いたします。

（婚礼の儀式）

祈り

すべてを支配する神よ、我々の誰からも離れたまうことなかれ、我々の祈りを聞き入れたまえ、我々とともにあれ、汝の名のもとにここで互いに結ばれているこの二人とともにあれ。汝は、人類の歴史のなかでも、また自然のなかでも、姿を隠したまま、しかし見事に支配する。汝は彼ら二人を賢く、慈しみ深く今日まで導いてきた。そして今や、彼らの人生の行路を重ね合わせ、ひとつの素晴らしい目標へと向けている。新たな段階のなかでも、汝の善き御心をもって、穏やかな道程の上でそれを導きたまえ、そして彼らとともにあれ！　平和のために彼らの頭に勝利のシュロの葉を載せたまえ！　愛の炎を、そして真、善、美に対する感激の炎を、彼らの心に燃え立たせ、その心では決して消えぬようにし、彼らに近づき彼らを取り巻くすべてを暖めるように計らいたまえ。救けたまえ、おお主よ、汝の名誉のために、そして同胞のために、彼らが成功のうちに善きことを生み出すよう計らいたまえ。彼らが種を播き、世話することから、豊かな果実を実らせたまえ、そして彼らの結婚から、この上なく素晴らしい人生の喜びが彼ら自身に花開くのみならず、世界とこの世にある汝の国のために徳益が生ずるよう計らいたまえ。

彼らに賢明で忠実な友を呼び起こし、その友情を長く続かせたまえ。危難の折には、汝の庇護で彼らを包みたまえ。空が曇る時には、汝が彼らの慰めとなり、彼らを互いの信頼と援助のもとに置きたまえ。彼らに最後の握手を交わしながら時を祝福させたまえ、彼らに手と手を取らせたまえ！　汝は愛であり、そして慈悲深く見下ろす。我々の願いを聞き入れたまえ。純粋な愛がすべての心を結び付けているところで、汝自身の愛のために、我々の願いを聞き入れたまえ！　アーメン」。

こうして聖霊降臨祭の二日目、六月九日に二人の絆が結ばれた。祝祭の間も授業は中止されなかった。けれども別の日には素敵な散歩が、また次の日曜日にはラインハルツブルネンへの徒歩旅行が催された。それは素晴らしい天気に恵まれた。昼間には絢爛と咲きほこる花や鮮やかな草木の緑が、また夕刻の帰り道ではきらめく星が、一同の目を楽しませた。天体に親しむ喜びはその夏の間じゅう続いた。星図が熱心に学ばれ、フレーベルがそれを説明した。――

それは一八五一年の――やがてもたらされる衝撃的な知らせによって、それまで積み上げられてきた幸福が妨害の危機にさらされる日までの――楽しい夏であった。

Ⅱ．プロイセンにおける幼稚園禁止令

二人の結婚の後、二か月間は何事もなく過ぎ去った。そんな頃、晴天の霹靂のごとく、プロイセンで幼稚園が禁止されたという知らせが届いたのである。フレーベルはその第一報を、リーベンシュタインの古い町並みを散歩している途中、ある知り合いの湯治客から聞いた。その人はその知らせを新聞で読んだのだった。「その話は疑わしいように思えた」とフレーベル夫人は日記に書き記している。とりわけ、ベルリンの督学官ボールマンがその直前に何度もフレーベルを訪ね、彼の活動について、その意義を認めるような表明を文書や口頭で行っていたからである。フレーベルは彼の妻や女子生徒たち――そのうちの何人かはプロイセンの出身であった――とともに、そのまったく考えられない記事を自らの目で確かめるべく、保養施設へ行った。フレーベル自身は落ち着いていて、そうした迫害は彼の教育の原理を検証するよう要求するものであり、そのことはむしろその原理にとって有益なことであろう、と考えた。「しかし今は仕事を確実に進めることが大切だ」。彼の妻も冷静で心配していない様子であったので、彼は安心した。けれども、子どもの調和的発達を目指した活動がそこで行われているがゆえに幼稚園が禁止されるということを、どうして彼女は信じることができたであろうか。彼女自身や女子生徒たち――そのなかには、授業を受けている間に非常に豊かな才能を示す女性もいた――は皆、身をもって経験していた。いかにフレーベルの示す事例や授業が恵み豊かなものであるか、いかに彼がそれを通じて善さや高貴さを呼び覚ましてくれるか、そしていかに彼がわずかな芽生えを育み創造への意欲をかきたててくれるか、を。ルイーゼはその禁止令を信じることができなかった。フォン・マーレンホルツ夫人も、マイニンゲンの侯爵がフォス新聞[4]を読み「フレーベルの幼稚園がプロイセンで禁止された」と彼女に知らせた時、非常に驚いた。彼女は彼が冗談を言っているのだと思った。けれども彼は彼女に新聞を手渡した。そこには八月七日付けのプロイセン政府の通達が載っていた。子どもの遊戯が国家にとって危険であると考えつく者がどこにいようか？　「クラッデラダーチュ」誌[5]すら「三歳のデマゴーグ」を危険視する憶測に対して皮肉を浴びせた。侯爵の屋敷でも、マリーエンタールの仲間のなかでも、誤った情報が出回っているのであろうと受け止められた。けれどもやはりそれは事実であった。フリードリッヒ・フレーベルの活動は、彼の甥たちの活動と混同されたのである。甥たちは、フレーベルにとってすでにハンブルクでも悩みの種であった。お人好しのカール・フレーベルはハンブルクのある党派の社会主義運動に参加していた。一方、その兄である利発なユリウス・フレーベルは、フランクフルトの議会の左翼の一員として、ドイツの統一を目指して戦っていた。今日ではそのような活動はより広く知られているが、当時の大臣フォン・ラウマーはそれを理解しなかった。その結果、奇妙な形で政治と宗教と教育とが混同され、幼稚園が禁止されたのである。フレーベルはフォン・マーレンホルツ夫人とまず何をなすべきかを相談し、すぐに大臣フォン・ラウマーに手紙を出した。そのなかで彼は、同封してある文書が検討されるならば幼稚園の禁止令が撤回されるであろうとの確信を述べた。フレーベルは、神聖なものに思われる自らの責務が信頼に値するものと考え、冷静さを保っていた。けれども、引き続き幼稚園は禁止されねばならないという短い回答を受け取った時、彼の心は深く傷ついた。フォン・マーレンホルツ夫人は彼女の回想のなかに、フレーベルの置かれた状況を書き記している。それによると、正義が成し遂げられることのできないものだとは彼には信じられなかった。しかし彼は自らの使命に自信を失うことはなかった。時によって彼は、心がふさぐ時、むしろアメリカへ行きたいと考えた。そこでは新しい生活が開け、新しい人間教育の基盤が得られると思われた。マリーエンタールの仲間のなかに、重苦しい雰囲気はそれほど長く漂わなかった、とフレーベル夫人は書き残している。皆は感じていた。外部からの圧力が内部の結束力を鍛えること、「人間陶冶」ほどの重要な課題は神の保護のもとに置かれていることと、それが狭い一地域で認められない場合でも、活動の領域はなお広く開かれていることを。たしかにプロイセンがドイツのすべてではなかったのである。テューリンゲンの諸州や、とりわけハンブルクはそのような誤りを犯してはいなかった。アイゼナハやゴータ、そして後にはヴァイマールやマイニンゲンでも、幼稚園は、大臣フォン・ラウマーに構わず自らの道を歩み続けた。

フレーベルは、プロイセン国王ヴィルヘルム四世が彼宛ての手紙を受け取るならば、考えを変えてくれるであろうと望んだ。そしてその手紙を、あたかも国王が彼の君主であるかのごとき深い畏敬の念と恭順さの表現をもってしたため、フォン・マーレンホルツ夫人にその手紙の仲介を依頼した。彼女はこうした手続きが望みのないものであることを知っていたが、それでもベルリンへ帰る途中で国王に謁見を請い、その手紙を手渡し、彼に仕える大臣フォン・ラウマーにそれを回してくれるよう求めた。——もちろんその時は、それ以上のことは期待できなかった。

フレーベルにとって最も苦痛であったのは、彼が無神論者だと見なされることであった。「キリスト教に、つまりイエスの宗教に基づかない教育はどれも皆不十分であり、一面的でしかない」[6]と述べている彼、カイルハウでの朝の礼拝を厳粛な時間とした彼、自らの施設のなかで、キリスト教の祝祭、特にクリスマスをキリストの愛の祝祭として祝った彼、父から学んだキリストの教えをなお心のなかにとどめている彼、バイエルンにいた頃、プロテスタントの教会で聖餐を受けるために何時間もかけて出かけていった彼——そのような彼が無神論者だと思われているとは！　プロイセンの大臣の誤解は解かれていったが、フレーベル自身が満足を得るにはあまりに遅すぎた。幼稚園の禁止令は、フォン・マーレンホルツ夫人の尽力により、一八六〇年になってようやく撤回されたのであった。

Ⅲ．リーベンシュタインでの教育者会議

困難な時期が過ぎると、信頼のおける友が集まり、フレーベルを取り囲んだ。フレーベルの説く原理や幼稚園の成功を評価する人々の声は、新聞だけでなく手紙を通じても聞かれるようになった。これに反対する人々――残念ながら今日でもなお見かけられる――が立証していることといえば、自分たち反対者のほうが先入見に囚われていること、反対者はそうした献身的活動の能力をまったく理解しえないこと、反対者はフレーベルの著作を詳細に研究してはいないし、おそらく子どもの本質や精神的欲求などについての知識ももってはいない、ということだけである。たしかに、当時出された禁止令はプロイセンの幼稚園活動を停滞させることはできたが、その精神までも抑圧することはできなかった。すでに九月には、運命の嵐が吹き荒れた直後の短い間ではあるが、多くの人々がフレーベルの招きに応じてリーベンシュタインで

の会議に集まってきた。彼らのうちの何人かは、七月にもその会議の必要性を認めていたが、今やその会議は情勢のますます強く要請するところとなっていた。フォン・マーレンホルツ夫人は夏の間ずっとフレーベルのそばを離れなかった。彼女は理解に満ちた対話を交わし、彼の教えを学ぶ熱意を見せ、関心をひく湯治客――そのなかにはファルンハーゲン・フォン・エンゼ[7]も含まれていた――を集めることで、フレーベルを励ました。最初にディースターヴェークが現れた。彼はすでに一度夏にそこを訪れたことがあった。続いて、親友であるカイルハウのミッデンドルフ、コールバッハの学長ケーラー、ドレスデンの校長マルクヴァルト、教師シュタンゲンベルガーとペッシエ、ハンブルクのハインリッヒ・ホフマン、ハレの自然研究者カール・ミュラー博士とオットー・ウーレ博士、マイニンゲンの教会役員ペテルント・ディアコヌス・ミュラー、周辺に住む多くの教師と聖職者、それに約束どおりヴァイマールの大臣フォン・ヴィーデンブルクが集まった。――そのような会議の前途は有望なものであった。今や、女性に新しい召命を開く、また家庭をその中心とし幼稚園を設立してきた教育活動について助言することを欲していたのであるから、女性が欠けてはならなかった。先頭に立ったのはフォン・マーレンホルツ夫人とルイーゼ・フレーベル夫人である。それから、ヘンリエッテ・ブライマン、ユーリエ・トラベルト、ヘンリエッテ・ボートマン、クレーマー嬢、オーピッツ夫人、ベーレンス夫人、マイニンゲンのパウリーネ・シェルホルン、ヴァイマールのミンナ・シェルホルンといった女性の友達や幼稚園の女性保育者たちが続いた。彼女たちは皆、創設された幼稚園について証言せねばならないと感じていたのであった。フレーベルが計画した会議の暫定的なプログラムは以下のとおりである。

リーベンシュタイン、九月二七日、土曜日、九時

一、幼くまだ学校に通えない子どもの教育、とりわけ幼稚園での教育についての研究報告

二、午後、女性の持つ教育的召命、およびそれに向けての女性教育

三、九月二八日、午前、教育に関する日常的な問題

四、午後、フレーベルの指導による子どもの遊戯祭

五、九月二九日、討論の終了

初日はディースターヴェークが議長を務めた。彼は、ベルリンの女性教育協会、最初の幼稚園、そして幼稚園の女性保育者の雇用についての報告、並びに当時は一〇〇ターラーほど

であった女性教師の俸給についての報告を皮切りに会議の幕を開けた。――続いて、上に挙げたような男性たちがバーデンバーデン、ドレスデン、ハンブルク、カイルハウの状況について、また幼稚園の女性保育者たちがアイゼナハ、シュヴァインフルト、ライプツィヒの状況について、それぞれ報告した。さらにアルトナのベティ・グラウエ、およびルードルシュタットのエミーリエ・シュティーラーからの書簡が、それぞれ読み上げられた。人々を最も喜ばせたのは、シュタイエルマルク州グラーツの年老いたカトリック教徒から寄せられた一通の手紙であった。「幼稚園は、純粋な人間性、真なる敬虔さ、そして深遠なるプロテスタンティズムに基づく純粋な植物です。そして逆に、自分こそプロテスタンティズムの保護者だと自負する者は、まだ生まれたばかりの子どもである幼稚園を否認しようとするのです」。

午後にはフレーベルが、陳列してある子ども向けの作業道具や教具を紹介、解説し、母親の働きかけによる感覚の発達や四肢の発達について話をした。「子どもを見守ることは教育の本質であり、それゆえ幼稚園の基本でもあります。私は子どもたちから学んできましたし、この瞬間も彼らから学んでいます」。それから彼は、『母の歌と愛撫の歌』が作成された経緯、子どもの活動や子どもに遊戯の対象を与えることの必要性、それゆえ彼が作業道具や遊具を選定したことなどについて語った。彼は、女性の教育的召命の特徴を正しく言い当てた彼の講話を、次のような言葉で締めくくった。「愛するドイツ国民よ、あなたが保持しているものは、つまり神性という植物とその発達は、誰もあなたの王冠を奪い取ることのないよう、しっかりと持っていなさい。私たちの子どもは私たちの審判者となるでしょう」。

その翌日は、マイニンゲンの教会役員ペーター博士が議長を務めた。出席した男性は皆それぞれの観点から人間教育について発言した。例えば、ペッシェ氏は次のように述べた。フレーベルは、そのドイツ的精神を保持しながら、その心情の深みを、その最も深いところにある基礎を、探求している。そしてそれを足がかりとして、発達的、教育的人間陶冶を根拠づけている。そこでは自然が範とされている、と。――カール・ミュラー博士は、フレーベルの思想体系を自然研究者のそれと見なした。彼はその体系のなかに結合の法則を認めた。つまり、子どもは一本の短い棒をもとにそれらを組み立てることを始める。また彼は同一の構造を三千もの苔について発見している。それらは皆ひとつのまとまりから生じているのである。すべて根と幹と実を備えている。同じことは他の領域においても言える。音楽の世界は八つの音から、何百もの言葉は二五の文字から、それぞれ生まれている、と。――ウーレ博士は自然界の有機的性格について語り、子どもは自然を熟知しなければならないが、それと同時に自然の法則に従って教育されねばならない、と述べた。このことを彼はフレーベルの思想体系のなかに認めた。さまざまな学者の間でそのような意見の一致が見られたことは、フレーベルにとって格別の喜びであった。

この討論の終わりに彼は言った。「言葉ではなく事実のみが問題を代弁してくれるでしょう。けれども、嵐や雷雨のなかにも神の御心が存在するように、幼稚園を覆う荒天のなかからもその御心は現れます。そして――私たちが望むものはすでにその姿を現しているのです」。

午後には子どもたちがやって来て、遊戯や作業を行った。夕方には幼稚園の女性保育者たちがフレーベルの指導のもとで運動遊戯を催した。多くの見学者がそれに加わり、若者の遊戯は大人の社交的な遊戯にもなりうるとの印象を感じ取った。

三日目、九月二九日にはコールバッハの学長ケーラーとギムナジウム教師ベックが会議の議長を務めた。会議は、教会役員ペーター氏の発議に基づいて、その思想体系の全体を包括的な著作に書き記すようフレーベルに懇請することを決議した。ディースターヴェークはフレーベルに、幼稚園の女性保育者のための手引書を著すよう促した。また、新しい雑誌の創刊がペッシェ氏によって提案された。フレーベルは、ミッデンドルフが彼を援助してくれることを条件に、最善を尽くすことを約束した。

いよいよ午後には、教育学的に見た女性教育が議題にのぼった。ハインリッヒ・ホフマンは、母親としての召命に向けての女性教育、幼稚園の女性保育者や子どもを預かる女性のための教育について意見を述べた。今や女性により良い陶冶と教育とが求められているのは明らかである、しかし最も重要なことは母親としての召命に向けての女性教育である、と。ミュラー博士、ウーレ博士、ミッデンドルフは、女性の占めている立場を讃えた。女性は、その息子を教育することで家族に、そして歴史に影響を与えていくことができる、また女性が小さく幼い者を世話してやるならば、その小さな存在はさらに大きな事柄の基礎となる、と。これらの話は、別の場所でも繰り返し説かれるに値するものである。最後にディースターヴェークから、この会議の参加者が、フリードリッヒ・フレーベルの教育体系の持つ意義を、さまざまな誹謗中傷に抗して、各自の経験に基づいて書きとめ、それをこの会議の公式声明として発表してはどうか、という動議が出された。この動議は受け入れられた。フレーベルの教育方法がキリスト者としての生活を志向したものであり、そしてそれが特に強調される必要はないこと——これは当然のことと見なされた。

リーベンシュタインでの教育者会議の公式声明

本年六月、多くの友人に発せられた招待に応じて、多数の幼稚園の女性保育者のほか、署名者たちがここリーベンシュタインに集まった。その後、九月二七、二八、二九日の三日間にわたり、Fr.フレーベルの提起した、彼の命名によるいわゆる幼稚園と、幼稚園の女性保育者によって運営される教育施設とにおける、幼い子どもの教育方法をめぐって、多角的な論究と検証がなされた。その成果は以下のとおりである。

一、フリードリッヒ・フレーベルは、発達的・教育的人間陶冶という原理に従って、神が子どもに与えている素質と能力とを全面的に呼び覚ますことを意図している。

二、この最高目的に従い、彼は次のことを目指している。

ａ．継続的な体育訓練と運動遊戯を通じて身体の各部位を発達させること。

ｂ．感覚を訓練すること。なかでも、多様な知覚的観察を通じて知的感覚、形態の感覚、色彩感覚を訓練すること、ふさわしい歌や旋律によって聴覚や音感、リズムや拍子に対する感覚を訓練すること。

c．Fr.フレーベルの考案した遊具や作業道具を用いてなされる一連の訓練を通して、子どもの活動欲求や作業欲求、および知的な観察能力や認識能力一般を発達させること。

d．配慮された説話や話し合いを通して、またとりわけ、自らもその方法で教育され、その方法で影響を与えるような女性教師と子どもとの共同活動のなかで、道徳的、宗教的感情を活性化させ、情緒を発達させること。

e．社交的な生活環境と快活な遊戯のなかで相互に営まれる子どもの生活を通して、悪い習慣を取り除き、子どもらしい美徳を身につけさせること。

Fr.フレーベルのこのような、そして他の諸関係と諸活動すべてのなかに、我々は正しい原理と目的にかなった手段とを認めることができるのみならず、そこから次のような確信をも得ることができる。――その主導的な思想は、一方では長い間の教育学的な努力の結果として、また他方では実践的な教育学のより深い基礎として、捉えられねばならないこと。その思想を利用することによって、家庭内での教育が目的に応じて支援され、補完されること、またそれによって学校教育が本質的に促進され基礎づけられること。さらに、とりわけ母親と女性の教育学的な洞察と活動がそれによって高められるであろうこと。手短に言えば、Fr．フレーベルの(言うまでもなく、さらなる発展の可能性を持つ)純粋に教育学的な尽力と業績、いわゆる流行教育のいかなるものとも無縁の、純粋さを保ち続ける尽力と業績は、理論的および実践的教育学の本質的な進歩と見なされねばならないこと。我々は皆、より全面的でより良い教育への途上にさらに輝かしい未来が開かれねばならないと確信しているが、それによればフレーベルは国民の若者すべてと子どもの世界に貢献するものであること、そしてまた彼は、州の法律に従いつつ、「幼稚園」および「リーベンシュタインのマリーエンタールにある幼稚園の女性保育者養成のための機関」の導入とさらなる発展とを促進するものであること。

ここに提出された我々の公式声明は、次に挙げる目的のためのものであってそれ以外ではない。すなわち、Fr．フレーベルが示す子どもの教育の体系についてより詳しい知識を得ることで我々が抱かずにはおれない溢れるほどの尊敬の念を表すこと、およびその体系が、今後も先入見なく詳細かつ専門的に探究され、その後にその恩恵 ―― これをもたらすことにかけては彼の教育の体系ほど適しているものはない ―― が有益に活用される方向で利用されることに寄与すること、これである。

バート・リーベンシュタイン、一八五一年九月二九日
（参加した教育者の名前がここに続く）

この会議の出席者に関して、フレーベル博物館は興味深い手跡を所蔵している。フレーベルはユーリエ・トラベルトにマリーエンタールの絵を一枚贈ったのだが、その幅の広い縁の部分に出席者の自筆の署名が書き記されているのである。縁の上の左側には、ベルタ・フォン・マーレンホルツ、ルイーゼ・フレーベル・旧姓レヴィン夫人、ヘンリエッテ・ブライマンの名前を読み取ることができる。それから幼稚園の女性保育者たちの名前が続く。左縁の上部にはW.ミッデンドルフ、その下にA.ディースターヴェーク、B.マルクヴァルト、ハレのカール・ミュラー博士、コールバッハのケーラー氏、ザルツンゲンのC.マウラー、バーデンバーデンの教師ペッシェ氏、ハレ・アン・デア・ザーレのオットー・ウーレ博士、ハインリッヒ・ホフマン、ハンブルクの幼稚園の男性教師、そして女子生徒たちの名前が続いている。絵の下には次の言葉が印刷されている。

マリーエンタールの教育施設

（そしてフレーベルの自筆で）
発達的・教育的人間陶冶による全面的な生の合一のために
Fr.　Fr.
一八五一年九月二九日

Ⅳ．最後の活動

——一八五一年から五二年にかけての冬

教育者会議と、そこでの友人たちの意見の一致は、フレーベルにとってこの上ない喜びであった。けれども、マリーエンタールの教育施設を当局に精査してもらうという願望がかなえられなかったことは、彼にとっては幼稚園の禁止令自体よりももっと大きな痛手であった。その上彼は、アメリカへ移住する考えを固く持ち続けており、そのためフィラデルフィアに住む彼の妻の兄に手紙を書いてもいる。フレーベルは彼に幼稚園の計画を知らせた。疲れるまで働くこともしばしばであった。経費の都合上一年間だけ刊行された「週刊誌」[8]に代わって、ドレスデンのマルクヴァルト博士が「フリードリッヒ・フレーベルの事業に関する雑誌」[9]を編集することになった。その創刊号は一八五一年一〇月に刊行され、リーベンシュタインでの会議の報告やきわめて価値の高い寄稿論文が収められた。さらにフレーベルは「第三恩物」に関する論文の新版を編集した(ランゲ版全集の『幼稚園教育学』、およびF．ザイデル『フレーベルの幼稚園』[10]を参照)。彼の時間と労力を要求したもうひとつの仕事は、禁止令に対して幼稚園を公式に弁明することであった。これは一〇月三一日に完了した。フレーベルの抱いていた望み――カイルハウのミッデンドルフに来てもらい、会議の折に依頼された活動を手伝ってもらう――は実現しなかった。施設の運営にミッデンドルフを欠くことはできなかったからである。フレーベルはこの失望を冷静に受け止めた。それは、生涯をかけた仕事をめぐる係争や心労にも関わらず、彼の存在全体は澄みわたっており、彼の感じていたこと、すなわち生の合一を示していたからである。マリーエンタールは安らぎの場所であった。そこでは誰もが朗らかな気持ちでいることができた。フレーベルは、フォン・マーレンホルツ夫人の求めに応じて、彼女のために、彼の世界観についての論文[11]を書いた。彼女はそれをまるで神聖なもののように大切に保管した。

ここで、フレーベルの弁明書から重要な部分のみを抜粋して以下に示すこととしたい。

フリードリッヒ・フレーベルの件、および幼稚園の件に関する、第二回の、より詳細な公式声明[12]

プロイセン王国大臣によって
本年八月七日に出された幼稚園の禁止令に対する
幼稚園の理解者、そして評価を下してくれる公衆一般のための
フリードリッヒ・フレーベルによる

陳情書

（一八五一年一〇月）

「プロイセン王国の宗教教育省─薬事省の大臣によって幼稚園に対する ── そしてまた私の幼稚園に対する ── 禁止令が八月七日付けで最初に出された時、友人や幼稚園の支援者、とりわけその指導者たちに向けて、公式に声明を行うことが私の義務だと考えました。

「上に述べたプロイセン王国の省に対し、私は、しかるべく敬意の念を表しながら、人物の名前に注意するよう、そして人物や考え方の取り違えに注意するよう申し上げました。それを理由にこの禁止令が下されているのは明らかです。そして、このような人物の取り違えの事実に基づいて、また私の著作全体に――なかでも洞察をもって検討されるべき幼稚園に関する著作に――現れている原理に基づいて、禁止令の撤回を請願し、私の著作がそれに十分役立たない場合には、人物を直接検討するよう要請しました」*。

* 請願に対し、フレーベルは、禁止令は解かれないとの回答を受け取った。人物の検討を求める要請に対しては、回答を得ることさえできなかった。その結果彼は、公式の声明を表すことが義務であると考えたのである。

私は、敬意の念を表しつつなされた請願の結果を同じように公表すると約束して、公式の声明を閉じました。その結果今では、教育ほどの崇高な事柄の礎は以前よりもはるかに固められ、またそれが唯一の家庭の教育であれ、ただひとりの子どもの教育であれ、もちろんここでは何百もの家庭や何千もの子どもに関わるのですが、教育の礎を固めることは労苦を傾けるに値すると見なされています。このことによってのみ、その種の多くの生活場面で生じる、人間の幸福の促進を放棄する大がかりな試みは、弱まっていくのです。

それゆえ私の心は、大臣の下した禁止令に対しても、また大臣がそれを固持することに対しても、平静です。私は少しも反対するところはありません。したがってまたその禁止令は、私の内なる心の平穏や、私の人生の幸せや、私の行動の道徳的な自由をいささかも妨げはしません。先に述べた大臣が、常に自ら統制しようと欲し、そしてこの世に幼稚園の影響力の及ぶ空間が残されていないまでに、この禁止令をさらに広げようと尽力されたとしてもそうです。――なぜなら私は、僭越にも神の摂理の歩みを知ろうとは、ましてやその流儀、それによって神の摂理の歩みが、その摂理のなかにその摂理とともに与えられた目標へと人類を導くような流儀に介入しようなどとは、考えていないからです。というのも、神の永遠の愛は、その摂理の歩みの上で、人類をある発達と陶冶の段階へと――つまり人類の本質のなかに備わっており、その本質によって今まさに要求される新たな発達と陶冶の段階へと――導くのですが、そうした神の摂理の歩みはしばしば、目先のことしか考えない人類にとっては、死と否定に通ずる歩みに見えるからです。その歩みによって人類が、より崇高で神のごとき生という人類に規定された目標へと導かれるにも関わらず。そしてこのことは、人類の歴史が、人類の偉大な恩人すべての歴史が、そしてイエス自身の生の効験の歴史が、内的にも外的にも、教えていることなのです。

プロイセンの内閣は、問題となっている禁止令を、私が無神論的な原理を信奉しており、それゆえキリスト者ではないとの前提に立って根拠づけています。

大臣が彼の立場を固持しつつ、そこから私をキリスト者ではないと断ずるとしても、そのことが彼の悪意の表れであるとは解しません。それは逆にいえば、すでに述べたように、喜ばしく穏やかな意識、いかなる生活場面においても変わらぬ意識、そして人生のいかなる荒波のなかでも動じない勇敢な意識を持つなかで、イエスの教えを信じるという意味でのキリスト者であることが、私の心を曇らせることのないのと同様です。

なぜなら私は次のような証拠――自己の心の内面という証拠ほど動かしがたい証拠が他にありましょうか？――を示すことができるからです。つまり、私は人生の最も早い時期から――そこでは私は、自分を子どもであり人間であると感じました。またイエスや他の人の模範的な生が純粋な人間の生にとってどのような意味をもつのかが、徐々に自分にも分かり始めてきました。これらは私自身の生涯のうちでも最も早期に生じたものです――なるべく上に述べた意味での子どもないしは少年であろうと一途に努力してきた、という証拠がそれです。私は喜びのうちにそれを確信しています。また同じように、次のことも証明することができます。私が、何よりも純粋で、活動的で、奥深く、力強い、キリスト者としての心構えを持つ両親の子どもとしてこの世に生まれ、キリスト者の子どもとして公に洗礼を受け、深く感動した心から述べられるキリスト者の子どもとしての祝福を受け、真摯な態度、敬虔な心情、すべてに一貫する心構えを備えた子どもとして育てられた——おそらくそのような幸運は、それほど多くの人に与えられるものではないでしょう——のみならず、私のキリスト者としての信仰告白を、礼拝に訪れていた多くの会衆の前で、永遠に明らかな真理によって内なる心を貫かれながら行ったことを。その証人は彼らでしたし、彼らのうちの多くは、おそらく今でもなお、そのことを証言してくれることでしょう。

また次のように言うこともできます。結局のところ、生涯を通じて、私の信念が揺らいだことは一度もなかったと。疑念が私の心をよぎったことは一度もありません。このため、私の意識はいわば水晶のように澄みわたっているのです。それは私が、死んだ言葉や理解できない文章を通してではなく、心を惹きつけられながら、敏感な心情と呼び覚まされた精神とをもって、イエスの教えや要求や生き方を学び知った——しかもそのさまざまに分かれた諸部分を互いに全体に関係づけながら——ことによるものです。こうしたことを人々は、真実を求める精神に心を動かされながら、そしてその精神に包まれながら、私に教えたのです。あるいはこうも言えましょう。人々はそれらを、外側から刻み込むようなやり方で教えたのではなく、人類の内なる心の歴史の、そして神聖な歴史の生命のなかから、私のなかへ、私の心情と精神のなかへ、展開させていったのだと。もちろん、私の父は畏敬の念とともに見られるほど実直な牧師で、教区の人々からは、彼らの父、あるいは司牧者と呼ばれ、生涯そのような立場にある者として働きました。また私の母は、由緒ある説教者の家系の出身であり、同じく私の伯父、つまり母の兄も、私が学校を出て社会に入る時、堅信礼を行い、私を聖別してくれました。

しかしまたこれらのすべてを経るなかで、若者なりの意識を最初に持って以来、あるいは他のものと比較しつつ検討する自分なりの思慮を最初に持って以来、私は揺らぐことのない努力を続けてきました。すなわち、イエスの教えと要求、心情と確信を、そしてとりわけ私たちにとっての聖書——私はそれを全体的に見通し多角的に解釈することで理解しました——を、眼前に横たわる巨大でさまざまな要素を備えた生の全体のなかで、あらゆる方向とあらゆる関係に向けて、それらの真理において認識すること、それらを明晰に理解するなかで用いていくこと、そして純粋な意味でのイエスの教え子、弟子、継承者となること、これらがその努力です。

それらが今まで私を動かしてきているのです。ひとりでいるのが好きだった――と思わず言いたくなるのですが――幼年時代においても、さらに孤独であった少年時代や青年時代においても、そして不思議なことには再び社会生活や家庭や学校のただなかにあっても、教会にいる時と同じような心からの統一感を感じながら、そして偉大な自然のなかにいろいろな種類の園に囲まれて立ちながら――イエスの箴言と努力を、そしてそれに関連する私たちの聖書の要求と真理を、内的世界の、外的世界の、そして私たちを取り巻く世界の現象と事実のなかで立証しながら、いわば象徴的かつ普遍的に、根本的な世界法則ないし生の法則として探究し再発見するように、と。それによって私は、人生におけるさまざまな対立や表面上の矛盾を、早くから感じ取り、後にははっきりと認識することができました。そうした対立や矛盾は、イエスの下す仲裁によって調停され、取り計らわれ、一般的な認識へと開かれていくことにより、生の法則としてのその着実な継続的発達のなかで人類の目標へと通ずるのです。

しかしここでイエスは、仲裁の法則とそこから続いて導き出される安定した礎の法則を、彼の出発点、彼の活動の不動の関係点、彼の生と使命の試金石としていますが、それと同じやり方で彼の生涯と行動とを締めくくっています。つまり、彼岸と、此岸に生きる現在および将来の人類との間に、生と死という表面上の区別を設ける時にも、この法則がきわめて重要であることを私たちに気づかせ、そして内的に統一された彼の不変の存在、人類へ及ぼした彼の精神的な活動をそれに結び付けることで、その生涯と行動とを閉じているのです――現在を生きる人々とやがて来る後の時代を生きる人々に、もう一度改めて自己と他の皆々と予測しえない将来の人類との間の仲裁を周旋し、――仲裁者が今後も存在することを約束し――、その仲裁者を将来の人類に提供することによって。それは、現在に生き、彼や彼の存在や彼の意志および努力と、人類との間を調停する仲裁者、そして人類と神との間を、さらには彼と神自身との間を調停する仲裁者です。――すなわちそれは統一の精神、合一の精神、すべての生の統一された精神です。この精神は、すべての生とあらゆる善さの永遠の源から、永遠にそれ自身のなかにとどまっていた、内在的にそれ自体で善い事柄から、つまり神から、生まれ出たものであるがゆえに、もう一度あらゆる真理へ、あらゆる真理のなかへ、そして真の生へと導いてくれるものです。

　しかしイエスはこの精神を教え知らしめたのみならず、私たちがどこで、いかにして、何によってその精神を見出すべきかを明言してもいます。すなわち、歴史のなかで生起するすべての出来事のなかに、人間と個々人の、人類と人類全体の継続的発達のなかに、そしてとりわけその内的発達の歴史のなかに、見出すべきなのです。それゆえイエスは、歴史を個々別々に、かつ全体的に究明するよう、彼の弟子と継承者に要求しています。その成果はとりわけ聖書のなかに蓄積されてきているのです。

私たちはそれを、つまりその精神を、私たち自身の内部に求め続け、見出すべきであり、各々がその精神を各々の内部に見出すことができるようにすべきであり、またそうするよう教えるべきなのです。それゆえイエスは自ら彼の弟子たちに語っているのです。彼が自らと弟子たちとの間に生と死という表面上の区別を設けたとしても、弟子たちがイエスの存在の最内奥を、その生と努力の最内奥を、そしてその統一された在り方――つまり彼ら自身の内部や、神に由来する彼ら自身の精神や心情などにおいて、すべての生はイエスと分かちがたく結び付いているということ――を、イエスと彼らとの、イエスと神との、彼ら自身つまり人類と神との間にある統一的でまとまりのある密接な絆として認識するまでは、互いに離れてはならない、と。

イエスはその精神を、とりわけ自然のなかに、被造物のなかに、万物のなかに、すべての根底をなし同時に不断の発展を続ける、それゆえまたすべてのものが再び理解し近づくことのできる、神の事物啓示と行為啓示のなかに、つまり些細な自然の事実、小さな穀種——それには色飾りをまとっているものもありましょうが——のなかに、再び見出すよう要求しているのです。

神の精神——それはすべてのなかに表れており、同時にあらゆる真理へ、真の生へと案内し導く精神なのです。その精神を見つけ出し、それに注意を払い、心にとどめ、自らのうちに受け入れ、いわば自分と他人のなかでこだまさせ、呼び覚ませよ、というこの要求は、いうなればイエスの最後の意志であり、新たな聖約、そしてさらなる聖約でもあります。今や私は、しかし本来これは私たちすべてがそうすべきなのですが、私自身の内面、意志、そして努力のしるしとして、その理由を知るなかで、ここで次第に啓発されてきた心の最も奥底にある確信に従って、このようなイエスの最後の要求と意志に、同じやり方で応え、それを履行しなければなりません。もしも私たちがイエスの真の弟子と継承者、あるいは真の信奉者であろうと欲するならば」。——

この続きをフレーベルは彼の信仰告白のなかで——それゆえその告白は弁明書と呼ばれね

ばならないものである――述べている[13]。「そして、ついにひとつの群れ、ひとりの羊飼となるであろう」〈ヨハネ、一〇・一六〉、意志をもち、精神と生命に満ちた、自覚して創造活動を行う、神に源を発する考えによって統一された、人間の共同体が現れるであろう、という考えを自分は固持している、と。すなわち、最終的なものはすべて無限なものに、人間的なものはすべて神的なものに通じるのである。また、イエスの教えは人間にとっての真理となり、その教えは行動へと至る、とも記されている。当時、大臣は禁止令の正当な理由を述べていなかったので、フレーベルは、イエス――その姿はすべての人間のなかに繰り返し新たに現れるはずのものであった――に関する彼の見解が大臣の考えと一致するとは思っていなかった。しかもその上、フレーベルは、神と神の子がその精神を通じて人間のなかで不断に作用するという点に三位一体の教えが証明されると見ている。また彼は、人間の教育がそれに依存していること、さらに「自らの教えを引き継ぎ、それがあらゆるところへゆきわたるようにせよ、という弟子に対するキリスト自身の要求」〈マタイ、二八・一八―二〇参照〉が、万物のなかで、そして最も小さき者のなかで証明されると見ている。その考えに基づいて彼は、すでに三〇年前に「カイルハウ論文」のなかで表明していたとおり、ドイツ国民の教育を抜本的に変革するよう望むのである。私たちは、教育の基底をなすべき事柄に対して、つまり宗教なしには教育はありえないという原則に対して、彼がいつもいかに忠実であり続けているかをうかがい知ることができる。創造者たる神、模範であり仲裁者たるキリストは、それらの精神とともに、大人のなかでも、個々人のなかでも、国民のなかでも、そしてすべての子どものなかでも、作用しているのである。教育者とは、神性の育成という天命を授かった者である。子どものなかに眠っている神性を発達させることが、フレーベルの人間教育の本質であり、目標である。そしてとりわけその神性は、早い時期に、家庭において、そして幼稚園において、培われるべきものなのである。もしも大臣が異なった意見をもっている場合でも、フレーベルは自らの確信に忠実なままである。その確信は、彼が辛く苦しい人生の戦いのなかで獲得し、今日までそっと心のなかに抱き続けてきたものであるが、しかし今や彼はそれを公表しなければならない立場に置かれているのである。「真理を妨げることが誰にできようか？」とフレーベルは問うている。彼は出発点と目標点とをともに眼前に見据えている。すなわち、神および神の統一がそれである。世界観のために宣伝活動を行う気など、彼にはまったくなかった。したがって禁止令は彼に何も訴えるところがなかった。むしろ、三〇年以上も前から彼は自らの説く原理を文章に残してきたのである。一八二六年に刊行された『人間の教育』を思い出そう。その書の扉には、「彼に」という献辞が書き記されている。フレーベルはその書を、おそらくは神に対する近さを感じながら、彼に献呈し、そして神とともにその書の幕を開けたのである。弁明のなかにも見られるとおり、彼の確信をこれほど「きっぱりと公表すること」は、無神論者ではないかという嫌疑から彼を守るのに十分であると思われた。それゆえ彼は彼の著作が検討されることを望んだのである。しかしその要求は聞き入れられなかった。

　そのルター派の信仰告白を著作や講演の冒頭に置くことも、フレーベルには簡単にできたであろう。またそうしていれば彼は信用されたことであろう。しかしながら、その人生やその行動において十分にそれを証明しているとすれば、あえてそのような手間をかける必要が誰にあろうか。彼は代母の書状を示しさえすればよかった。それによって彼の命名がなされたのであり、一八〇二年以降彼はその書状を一度も手放すことなく持っていたのである。心の最も深いところにある感情を口にのぼらせ、あからさまに示すよう、一体誰が要求するであろうか？フレーベルのドイツ的心情は、心の奥底に秘められたものであり、人類のための行為がそこから湧き出してくるような源泉であった。弁明に使われた語句に代えて聖書の言葉を用いようとする者は、彼の信じるイエスの次のような言葉がふさわしいことを発見するであろう。「わたしと父とは一つである〈ヨハネ、一〇・三〇〉。わたしは道であり、真理であり、命である〈ヨハネ、一四・六〉。わたしがあなたがたにしたとおりに、あなたがたもするように、わたしは手本を示したのだ〈ヨハネ、一三・一五〉。見よ、神の国は、実にあなたがたのただ中にあるのだ〈ルカ、一七・二一〉」。そしてなかでも次のような言葉を。「幼な子らをわたしの所に来るままにしておきなさい。止めてはならない。神の国はこのような者の国である」〈マルコ、一〇・一四〉。キリストによって約束されたこの神の国をフレーベルは子ども期のなかに示そうとした。それゆえ、神の国がしばしば大人からはすでに縁遠いものとなっていることをさまざまな場面で経験した後、彼の人生は、一八三六年以降、幼い子どもたちへと向かうことになるのである。子どもたちのなかに彼は神の統一の予兆を感じ取り、この無意識的な感情を、『母の歌と愛撫の歌』のなかですでに示していたように、特に母親の助けを借りることで意識化させようとした。その歌のなかでは、すでに眠りに就いている子どもを、母親がお祈りを唱えながら「そっと寝床に横たえている」[14]。神のなかにある人生、キリストとともに歩む人生、そしてそれらに源を持つ永遠の法則とともに歩む人生に彼が付けた表題は、「全面的な生の合一」である。それを目指して努力していくことがいつの日にか導きの星となって、平和と喜びがもたらされるであろう。しかしながらフレーベルは、すべての人が同じ確信を持つことを期待してはいなかった。というのも、彼がすでに三五年前から教育に向け始めたその立場へと、すべての人が苦労して自己を高めていったわけでは必ずしもないからである。当時彼は、被造物のなかに、そしてもちろん彼の研究する無機的な結晶の世界のなかにも、永遠の法則が作用していることを見ていた。彼は、人間陶冶の原理として、神の法則が適用されねばならないと考え、その原理を追究し、見出し、証明してきたのである。「協力者も保護も」ないまま、彼は、自らを満足させていたこの教育思想を実践に移そうと試みていた。「私には何もなかった」。一八一六年、手に何も持たぬまま、彼は兄の遺児たちのもとへやって来た[15]。彼らの教育を引き受けるためである。けれども、彼が徒歩でグリースハイムまで行き、持ち合わせていた最後のグロッシェン銀貨はエアフルトでパンを一個買い求めた折に手放していたにも関わらず、甥たちは彼のことを裕福な男に違いないと思っていた。というのも、彼には豊かな愛情と博識があり、それが甥たちに思い違いをさせたのである。彼は鉱物学の教授になれるだけの資格を持っていた。しかし彼は、兄の子どもたちの教育者であるほうを選んだ。そしてその翌年、宗教改革の三〇〇周年記念祭がドイツの国を挙げて祝われるなか、彼はメーラへ行き、二人のルター派の子どもを預かった[16]。それは、彼らの教育を引き受けるためであったが、彼らのもとで偉大な宗教改革者に感謝を表すためでもあった。それでもなおこの男は無神論者ということになるのだろうか？　まったく人類というものは目先の利かないことをしばしば犯すものである。――弁明書の終わりのところで彼は次のように述べている。「幼稚園のなかでは、神、自然、そして人類との関係に配慮しながら、子どもを養育し取り扱わなければなりません。そこではまた、身体と精神の健全な発育を目指した努力がなされ、そのための手段が与えられるのです。したがって幼稚園は母親に代わる教育の場であると言えるのです。母親たちは、子どもが後になって充実した実生活へ足を踏み入れる時、子どもの喜びや力が子どもの活動に合わせて大きくなり、またそれに合わせて抵抗力が与えられていくことを知るでしょう。フレーベル式教育の目的は、子どもが神の似姿へと成長することです。それは最初から神の意図するところでもありました。つまり、「神は自分のかたちに人を創造された」〈創世記、一・二七〉のです」。

――

マルクヴァルト博士が編集する雑誌の一一・一二月号に掲載するため、フレーベルは「教育一般の原理と本質について、キリスト教の原理について、そしてとりわけ幼稚園のキリスト教的原理と本質について」と題された長い論文を執筆した。私たちは、まさにそのような点を世間の人々の前に明らかにし、また子どものなかに神的なもの、キリスト教的なものを呼び覚まし育んでいくための手段を説明することに、フレーベルが心を砕いていたのを見て取ることができる。紙幅の都合でここに全章を載せることはできないが、あれほどの論文が忘れ去られることのないよう望むものである。掲載された章の最後は、次の言葉で締めくくられていた。

「さあ、私たちの子どもらに生きようではないか」。

それに続けて、カイルハウの教育施設では当初からキリスト教の祝祭が催されていたことを世に知らせるために、フレーベルは、一八二四年にミッデンドルフが文章にまとめた九つのクリスマスの描写[17]を載せている。その祝祭以降、彼は自らの説く教育の原理を、「少しの心変わりもなく」忠実に実行に移していったのである。毎年繰り返される祝祭では、フレーベルは教え子たちに、幼児イエスの姿が子ども時代の生活の理想像であることを示そうとした。

けれどもまた、生涯最後の冬には、彼はその弛むことのない活動を、実践的な指導のほうへ振り向けた。彼は、棒並べについての、つまり発達的・教育的作業道具についての「概説」[18]を著したのである。願わくばすべての幼稚園の女性保育者によってその章が読まれんことを！

協力者であるミッデンドルフ、ペッシエ、マルクヴァルトも同じ冊子に寄稿しているが、それらもきわめて興味深い論考である。それらもまた同じ精神を拠り所としていることは言うまでもない。さらに、幼稚園の女性保育者たちから寄せられた手紙も、新しく創設された施設が成功したことを証言している。ドリス・リュトケンス・旧姓フォン・コッセルは、フリードリッヒ・フレーベルの方式による女性教育者養成計画を（驚くなかれ五〇年も前に!!）展開した。続いて第五号には、フレーベルの手になる最後の論説[19]が掲載されている。それは一八五二年五月二五日付けでマリーエンタールから彼の女子生徒のひとりに宛てられた手紙で、幼稚園と学校の橋渡しあるいは学齢期以前の教育施設について述べたものである。その手紙の名宛は「尊敬する、そして親愛なるエマに」となっている*。

＊ランゲ版全集の『幼稚園教育学』を参照。この文献は幼稚園の女性保育者が研究を深める上で推奨される文献である。

ここでその手紙を公開し、その詳細に立ち入らなくとも、フレーベルが幼稚園を孤立した機関としてではなく、教育全体にとっての一部門と考えていたことがわかるであろう。切り刻まれ個々別々にされたものは、調和を目指した人間陶冶という彼の構想とは相容れなかったのである。家庭と幼稚園と学校の連携が確立されるならば、それによって子ども期と青年期は、確実に実生活へとその手を引かれていくのである。しかし五〇年が過ぎた今日でもなお、幼稚園が孤立している場合の何と多いことか！　フレーベルが予言的に語った「五〇年後」は到来しているように思われる。しかしながら今は、子ども期の生活をこれ以上引き裂く時ではなく、むしろ家庭ないし幼稚園でその生活がフレーベルの方法に基づいて実現している場合には、それを受け継いでいく時であろう。私たちは、新しい世紀が合自然的な教育に革新をもたらしてくれることを期待しよう！　それを望む声がここそこで高まっている。しかしそれはたいてい海を越えて私たちのいるドイツへと届くのである。そして、そこには好条件がそろっているのではないかと予感しながら、フレーベルは生涯で最後の冬にアメリカへの移住を考えたのである。

V．七〇歳の誕生日

フリードリッヒ・フレーベルの友人たちに
ヴィルヘルム・ミッデンドルフによって伝えられたもの[20]
（一八五二年）

多くの人々は、この知らせを伝えるよう求められた私と同様、次のように希望されることでしょう。ひとつの人生の結末――その努力と活動に対し人々が繰り返し注意を促されたひとつの人生の結末について、できる限り詳しく知りたい、と。というのも、あちらでは「誰に対しても、その人の生前には幸福を讃えるべきではない」と語られ、こちらでは「彼はその死に至るまで、いかいかい内なる心の幸福を、そして安寧を、どうやって持ち続けたのであろうか?」と不思議に思われているからです。

その人物の訃報に接し、実に多くの人々が愕然とし、悲しみにくれました。少なからぬ人々が驚きました。なぜなら、生きて活動している彼を見た者にとっては、彼の死を思い描くことができず、むしろ拘束なく不断に活動し続ける生という考えのみを抱くことができるからです。なかでも、彼が昨年の秋リーベンシュタインで開かれた教育者会議で生き生きと、午後の時間をすべて使って、人間と子どもの合法則的な発達を目指した彼の豊かな世界を披露するのを見た者は、そのように言うに違いありません。

しかしながら、彼をそばで見届けている者には、その最後の日々には、勢いに満ちた彼の生が、もはや昔日ほどには力強くなかったことを、否定できませんでした。それは、たしかに悲しまずにはいられないことでした。けれども次のことに思いを馳せるならば、不思議なことではありませんでした。つまり、最高のものを求めて戦った彼の人生がそのなかをくぐり抜けた苦闘に、人類を包み込む彼の心情が経験した侮辱に、そして人類の至福の礎を築こうとする彼のあらゆる献身と純粋な努力が感謝の意をもって促進される代わりに、彼が被ることになった解きがたい誤解に、思いを馳せるならば。そのような多くの打撃や衝撃や厳しさには、岩を次第に脆くしていく力があったのです。さらに、周りに受け入れられることが少なければ少ないほど、彼はますます自らのうちに引きこもりました。周りの人々によって理解されることが難しいように思われれば思われるほど、彼の自己理解は彼自身に対してその姿をますます親しく打ち明けていきました。彼に対する戦いや争いがより大きなものになればなるほど、彼自身の統一感、内なる心の安寧はますます意識されていきました。そして彼は、追求されるべき生の確固たる基礎を固め、それをさらに広めていくには、そのように穏やかで、自己の内側で落ち着いている、統一された点からのみ出発できることが必要であることを悟ったのです。

このことが以前よりもはっきりと私に感じられたのは、昨年の秋でした。先に述べたリーベンシュタインでの教育者会議の場で、彼の思想体系全体と彼の精神のなかにある教育手段とを編纂し、できるだけ早く公表するよう全員が彼に望みました。彼は、「ミッデンドルフが彼を手伝ってくれるという条件のもとで」、それを手がける意向を示しました。諸般の問題からその試みが失敗した時、私との別れ際に、彼はとても真剣な口調で、そして心から、次のように言いました。「私は自分の人生をどこまでも自らのなかで統一されたものであったと思っています。人類のなかには長い間そのような人生はなかったように思います。またそれはきわめて稀な環境のなかでのみその高みに上っていくことができたのです」。「けれどもそれは」と彼は続けました。「時代の要求が満たされるための条件です。今あなたが去っていくとすれば、私がここに立っているように、あなたはそこに立っていることになります――私は精神によって、あなたは心情によって――そのような内的な統一のうちに！」　こうした言葉のなかには、人生を見渡すなかから得られる確信、明澄、安らぎ、自信がありました。それは強く促しているようでもあり、また気持ちを高揚させるようなものでもありました。

彼が自らのうちに感じていた統一された生はまた、彼を取り巻いて、彼の身近な人々に囲まれて、ますます澄みわたっていきました。彼の妻は、彼自らが幼稚園の女性保育者として養成した人物で、彼に心からの感謝と愛と尊敬を捧げていました。彼は申し分のない調和と信頼のなかでその妻と結ばれていました。女子生徒たちの仲間も、子どもらしい感受性とますます大きくなっていく尊敬の念や関心とをもって、これまでになかったほど親しくこの二人と関わり合いました。それはまるでひとつの家族のように見えました。そこではただひとつの意志が心情と努力とを貫いており、すべてを常に歓喜に満ちた発展のなかに置いていました。彼の妻が友人に最近書き送った手紙のなかの言葉も、そのことを証明しています。「昨年の秋と冬、またそれ以降も引き続いて、フレーベルは私たちの仲間のなかに彼の求めた生の合一を見出し、感じ取っていました。そしてそれは私にとって大きな慰めとなっています」。さらに、彼らのもとを訪れた他の人々も喜んで次のように打ち明けています。「それはまるで平和の殿堂に入ったかのようでした。その調和と安らぎの感情は、精神と心情とを無限の快さで元気づけました」。

今年の春、とりわけ彼が人生最後の誕生日を迎えた折に、この素敵な調和が示されました。私はその女子生徒たちと昨年の秋に知り合ったのですが、彼女たちは私に、自分たちがどれほど彼の誕生日を祝いたいと思っているかを伝え、手を貸してくれるよう頼みました。ちょうど復活祭休暇の間でしたので、私は出かけることができ、当日も参加することができました。私にとってその日はかけがえのない思い出となりました。その後、まだ二、三日の休日が与えられていたので、私はその機を捉えてお祝いの模様を記し、フレーベルとその事業に理解を示していた高潔で活発なひとりの人物にそれを送りました。彼はそれを五月一三日付の「テューリンガー・アルゲマイネ・ツァイトゥング」紙に掲載しました。けれども、それが生前の彼の人生を写し取ったものであり、今ではすでに彼の身体の容貌の変化もはっきりと現れていることを考えるなら、それは本来ここで公表するにふさわしいものでしょう。以下では、補足を加えながらその様子が語られます。

フリードリッヒ・フレーベルの七〇歳の誕生日

「祝祭の朝が明けました」とフレーベルの女子生徒のひとりが書いている。「空は薔薇色の光のなかに輝き、鳥たちの元気な合唱は、七〇歳を迎えた老翁、人類の友人に向けて、楽しく呼びかけています。目を覚ませ！と。そして、統一と永遠――驚くべきことに、その手を私たちの父のような友人は波乱に満ちた人生のなかで導いてきたのですが――に対する感謝と歓喜の気持ちで満たされた私たちの心も、朝の静けさのなかで、たとえ口に出すことが少なかったとしても、私たちの感謝の気持ちを運んできました」。太陽が昇るにつれて、その老翁は、賛美歌の形式をとった歌で目を覚まされることになった。その歌は、彼の事業にすでにいろいろな形で参加していたある友人（カイルハウのN．ヘルマン）によってふさわしい曲を付けられ、養成の課程に在籍中の幼稚園の女性保育者と何人かの親しい友人とによって歌われた。その歌詞は次のようであった。

＊詩は、署名のあるものを除いて、すべてミッデンドルフによるものである。

全能の神は、曙光のために
薔薇の扉を静かに開く。
そして優美な顔つきとともに
地の合唱のために現れ出る。
汝は瞳を優しく促し
新しい道を見出させる。

ああ、ここにいるこの老翁の
瞼を静かに上げさせたまえ。
精神をもって瞼に再び香油を注ぎたまえ。
彼が汝に包まれ、力とともに目覚め、
過ぎ去りし日々をすべて見通し、
未来の日々が栄えるように。

新たなる今日、神の光で、

彼は七〇へと呼び寄せられる。
喜び、痛み、苦悩のなかを、
統一に向け、果てなき道を、
歩みし彼を助けたまえ、子どものなかに神の国を創らせたまえ、
そして――父と子と聖霊を信頼させたまえ。

「最後の音が次第に小さく消えていった時、ごらんなさい、扉が開き、感動の面持ちの老翁が瞳を輝かせながら私たちに挨拶をしたのです。暖かい握手は私たちが心から歓迎されていることを表していました。そして、まるで居心地の良い部屋へ太陽が光を投げかけるように、父としての、そして教育者としての彼の声は、祝日の心地好いひととき、心にしみわたるような言葉を語りました。それによって私たちは暖められ、元気づけられたのです」。

朝食の時間、老翁は家族の間に招かれた。その部屋は明るく飾りつけられており、あたかも花園のように変えられていた。中央の入り口と両側にある横の扉の上には、緑色の木の葉で作られた輪が弓型に飾られていた。中央の扉の向かい側にある壁には窓と鏡があり、鏡の上には苔と木蔦とで編まれた、六つの角をもつ星が飾られていた。まるでそれが重要な生の象徴でも

あるかのように、まなざしはその星に注がれた。窓は鉢植えの花で生き生きと飾られていた。また両側の壁には祭壇が設けられ、その上にはお祝いの贈り物が置かれていた。より詳しく説明すれば、一方の側には、見捨てられた貧しい子らに囲まれたシュタンツのペスタロッチーの感動的な絵と、ヘリオトロープに影を落としている二つの背の高い木蔦があり、その絵の下に、そしてその二つの木蔦の間に、フレーベル夫人へのクリスマスの贈り物が置かれていた。彼女はその素敵な絵を長い間所望していた。そして彼女の誕生日はすでに数日前に過ぎていたが、クリスマスの時、彼女は、故郷での滞在から戻ってきたことへの歓迎の意を込めて、その絵を夫から贈られたのであった。反対の側には、フリードリッヒ・フレーベル自身へのクリスマスの贈り物を載せた机が置かれていた。その机の周りは背の高いクワガタソウや黄金色のニオイアラセイトウや他の花で飾られており、その上には愛らしく厳かなマリアの絵が掛けられていた。それは、崇拝の念をもって跪いている少年ヨハネの前で、マリアが、彼女の膝の上で眠る幼児イエスと、慈母のような優美さのなかで愛に包まれながら一体となっている絵であった。その絵こそ今や事の重要性をより雄弁に物語るものであった。というのもそれは、いわば蕾としての幼稚園の姿を、そしてそれに劣らず人類の教育の第一歩にとって女性が持つ崇高さと今や十分に認識された意義とを、キリストの誕生によって暗示していたからである。すべてに細やかな配慮が施され、素敵に整えられたなか、その老翁は愛しい妻に手を引かれて入ってきた。入って来る人物に対して、彼へのお祝いの贈り物を載せた机は右手にあり、彼を待ち望んでいた女子生徒たちは、あたかも彼を取り囲む準備ができているかのごとくに、緩やかな弓型に並んで立っていた。その老翁の雄々しい身体は彼女たちの後ろへ導かれていき、彼女たちは次のような歌で彼を迎えた。

　ごらんください、ひとつになった私たちを。
輝かしい祝祭のために、
愛が姿を見せますように。
感謝に満ちて —— あなたを取り囲む。
子どものように —— あなたに寄り添う。
そう、父のようなあなたの心が私たちから離れることはないから。

　あなたは幸せを与えてくれる。
まるで春の息吹が、

野原に生命の装いを与えるように。
あなたは兄弟姉妹の上に、
祝福と喜びを滴らせる。
天の露が種に滴るように。

私たちの子どもにとって、
どれほどあなたが、
太陽であり、喜びであることか。
愛しながら、あなたを見つめる。
祈りながら、請い求める。
神よ！　彼の胸に至福と力を与えたまえ！　と。

その歌は多感な心を強く捉えたので、彼女たちは感激のあまりその歌を最後まで歌うことがほとんどできなかった。そしてもちろん、深く共感を覚えたその高貴な老翁も、心を動かされながら立っていた。

幼稚園の女性保育者たちもまた、彼の前に進み、象徴的な表象を通して彼に話しかけたいと望んでいた。彼女たちは皆、白い衣裳をまとい、それを虹色のリボンで飾りつけ、頭には緑の草木で作った冠を載せ、そこから額にかけて薔薇の花をのぞかせていた。最初の表象――白い衣裳――は、彼の目がもっぱら注がれた子どもの世界を彼に思い浮かべさせるよう考えられていた。彼女たちのなかのひとりが少し前に歩み出ながら、次のような言葉でその表象を説明した。

　白い衣裳の私たち。
可愛い子らの無邪気な輝き。
　子どもはあなたの無二の喜び。
子らの冠を想像ください。
　あなたのまなざしの前に立つ時、
子らの瞳に喜びが輝く。
　子どもに幸福をもたらすのはあなただけ。
ゆえにあなたを愛のまなざしで見るのです。

この女性が下がると、また別の女性が少し前に歩み出て、リボン飾りの意味を彼に説き始めた。それは子どもの内にある豊かな世界を展開させるために彼が考案し創り出した遊具と作業道具を表しているのであった。最初の胚のなかにすでに植物の全体が秘められているのと同様に、最初の遊具のなかには、子どものなかに人間の全体を穏やかに発達させるための偉大な遊びの全体が秘められているのである。それゆえ彼女は、子どもたちの幸福に共感しながら、今まさに子どもたちのことを考えながら、そして時には子どもたちのほうを、時にはこの男性のほうを、つまり彼女を養成している老翁のほうを向きながら、次のように語った。

〔子どもたちに〕　子どもたちよ、間違ってはいないのです。
　　　　　　　　　この色美しいリボンをごらんなさい。
〔フレーベルに〕　このリボンのなかにも、整えられた
　　　　　　　　　第、一、恩、物*の表象が分かりますか？
〔子どもたちに〕　色とりどりのボールは幸福をもたらし
　　　　　　　　心や目や手を作ります。

〔フレーベルに〕　それゆえ、子どもたちの心を飾るのですね。
　その力で。光輝くリボン。

＊第一恩物とは、六色のボールで、三色の主色と三色の副色に塗り分けられており、明るい色の調和を映している。それらはしばしば露の滴のなかで輝いているように見える。

続いて三人目の女性が前に出て、冠の意味を説明した。遊戯は、それが幼稚園の子どもに向けて考え出されたものであることから分かるように、取るに足らないお遊びなどでは決してなく、詩人の言葉を借りれば、そこにおいて真理が見出されるのである。「子どもの遊戯のなかには深い意味が備わっている」[21]。遊戯は来たるべき人生の予兆と前解釈を含んでいる。遊戯のなかには子ども期と後の時期との密接な関係が認められる。子どもは、彼が将来になって明確に認識する事柄を、すでに無意識のうちに見通し、行っているのである。遊戯とは、内にある心の世界が静かに不断に蕾を開いていくことである。それは私たちを未来への希望で満たす。同時に遊戯は、幸福をもたらす収穫の見込みを備えた、芽吹く春の野原である。それゆえ彼女は次のように語った。

私たちの戴く冠を見る、
若く麗しいあなたの眼差し。
熱狂とともにその瞳を輝かせ、
そのなかには遠い未来の幸福。
草地が再び緑に変わり、
若芽が顔を出すように、
あなたの精神が播いた種は、
今、永遠の緑のなかで姿を現わす。

長い間培われ、ますます大きなものとなっていく未来への希望が実現されるためには、このような自然の歩みは忠実に立証されるべきであり、他方でその歩みは精神によって隈なく照らし出されねばならない。自然は子ども期の養育を女性的な心情へ委ねている。けれども、養育を司る女性がその召命の核心を教示されることはあまりに少なく、またその召命を純粋に遂行するための手段を与えられる機会はさらに少ない。そのため、今や薔薇の意味を説明するために、四人目の女性が次のように語り始めた――その教育の場では子どもと女性がともにどれほど立派に育てられているか、その教育の場では、その召命の必要性を認めている女性の心のために、光と生命の水がどれほど豊かに湧き出ているか、を感じながら。

あなたの精神から輝き出る、
永遠の真理、春の光。
それは高貴な心に浮かび、
愛の飾りで包み込む。
ゆえに新たに薔薇は咲く、
ここで緑葉の輝きに包まれて。
私たちの心も静かに燃え立つ。
子どものために。花の冠。

ここでフレーベル夫人も歩み出て、鐘を鳴らす時に用いる美しい綱を夫に贈った。彼女は何も言葉に出さず、ただ何かを物語るような一瞥を彼に投げかけただけであった。けれどもそのまなざしと贈り物は意義深いものであった。赤い絹を巻きつけて飾られた強い糸が、明るいガラス玉や暗いガラス玉の編み合わされたものを貫いて延びており、その先端には硬く研ぎすまされた水晶の握りがついていた。それはあたかも、喜びと信頼のなかで心から尊敬する夫に向けて次のように言わんとしているかのようであった。「愛しいあなた、あなたは永遠の赤い糸を一度も見失うことなく、結晶の世界から全自然を抜けてその頂点たる人間へと、その糸を追い求め続け、そして今ではそれによって天国の鐘を鳴らしながら、皆を、なかでも女性たちを、呼び寄せています。細心の注意を払いながら、彼女たちに赤い糸、アリアドネの糸を手渡すために。ヘルダーも次のように歌っています」[22]。

さあ、あなたがた女性よ、あなたがた救い主よ、
迷宮のなかで迷う人類に導きの糸を差し出し、
考えをめぐらし、幸せに満ちた後世を育てたまえ(そしてそれを行うことができるのはあなたがただけだ)。

そして年少の女性が皆からの贈り物を手渡した。彼女たちには分かった。全き生の表象である彼がその贈り物をいかに喜ぶかを、のみならずその贈り物が老翁を祝う日にいかにふさわし

いかを。なぜならその植物は、さまざまな発達の様子をその葉や蕾や花や実に一度に表しているからである。それはまた、彼がすでに体験し意識した人間の年齢段階を今や精神のなかで統一しているのと同じだからである。それゆえ彼女たちは声を合わせて次のように語りつつ、贈り物を手渡した。

あなたは行路を完成させた。
あなたは子どもであり、少年であり、青年であり、成人。
生の道程を明示するため、
天国からここに贈られたあなた。
あなたは見る。人類の高みを、
老翁から子ども時代の夢にいたるまでを。
さあ、受け取って下さい。感謝と愛と信頼を込めた、
あなたの表象——オ、レ、ン、ジ、の、木、を。

彼の前で人生の象徴がこのように展開されている間、彼の後ろでは本当の人生が立ってい

た。心から敬意を込めて列席していた人々のうち、離れたところに立っていた、一家の同居人のように親しくつきあっていた人が、彼に祝辞を述べようと近づいてきていたのである。それは子どもを腕に抱えた母親と、その育ち盛りの娘であった。彼女は、いわば人生の経歴をもう一度思い浮かべ精神のなかに呼び起こしてもらおうと、芽をふき、膨らみ、そして開こうとしている花の蕾をつけた太い薔薇の木を彼に贈った。

その老翁は、このように細かな工夫の凝らされた愛情のしるしに心から感動していた。けれどもまた普段と同じように、生活のいろいろな事象のなかにその最も深い意味を見抜く彼のまなざしを輝かせつつ、そのようなしるしのなかに、そして天から授かった明るく輝く祝日にかけがえのない植物のような教え子や愛する妻から受け取った生き生きとした花の贈り物のなかに、わずかひとつの重みのある言葉を、全般にわたる人生の断片の完結を、そして新しい段階、つまり八〇歳という年齢への移行を、読み取っていた。彼はその年代を、完成された概観の時期、人生の全面を振り返る時期と表現していた。彼のまなざしと言葉は、濁りのない快活さと満足と明るさに輝いていた。そしてそのような内なる心の平穏と統一と自身に満ちた意識の表現は、精神を高揚させるような豊かな返礼であった。

ここで、若い女性の口から語られた言葉のなかに表れている感情に耳を傾けることは、私たちにとって大きな喜びであろう。「このお祝いの印象はきわめて感動的なものでした。私たちにとって不明瞭な、未だ十分に意識されていない表現を、フレーベルは、この上なく明確に説明してくれました。個別の、ほとんど偶然の諸現象を、彼は大きな生の連関へと関係づけました。過去はあたかも開かれた本のように彼の前に横たわっていました。母の腕のなかで明るく無邪気に笑う子どもも、成人した青少年とともにいるこの崇高で品位のある老翁も、その最高の生の真理を、そしていくつもの対立の表象を示していました。ああ、神聖なる平穏、幸福の喜び、内なる心の精神的な統一、これらはすべて柔和な春の太陽のように、生気を与えてくれるものなのです。しばしば暗闇に覆われた私たちの道を、それらが照らし出してくれますように」。

続いてこの祝祭の主人公は、彼への贈り物が載せてある聖母マリアの絵の下にある台へと導かれた。その贈り物は、まるで花や緑で満たされた園に置かれているかのようであった。贈り物は至る所から寄せられており、身体的、精神的な果実を表すものであった。その果実は彼を前のほうへ、すなわち自然の生へ、人間精神の解明的創造へと導いた。そしてまた後ろのほうを、すなわち心情の深みを、私たちの国民教育の始まりを、そして人類の発達という聖域を指し示していた。というのも、贈り物の真ん中には、書物のなかの書物が置かれていたからである。しかもそれは、内側が第一級の画家による挿絵によって、外側が品位ある光沢によって、それぞれ装丁を施された、フォン・コッテンドルフ印刷工場[23]で作成された聖書であった。そしてこれはある実業家からの贈り物だったのである！　それには次のような言葉が添えられていた。

一八五二年四月二一日に

地中深く、さらに深く
樹はその根を下ろさねばならない。
十分な養分を探し出し、
倒れることなくその場に立つために。

その種のなかに、いつまでも、
人間はその根を伸ばさねばならない。
誕生と、光と、正義とともに、

人間の夜明けが訪れるまで。

　蕾は開いていかねばならない。
すでに何千年も続いているように。
調和の風は感じられなければならない。
すべてのものに、等しく。

　あなたに何事も欠けることのないよう、
あなたの礎となりあなたを清めるものをご覧あれ。
あなたの日を輝かせるために
選ばれた、聖書を。

マリーエンタール　　　　　　　　　　　　　　　ヴァイマールのK…　H…より

ほとんどの贈り物には同じように言葉が添えられていた。ペスタロッチーの絵の下では詩節が朗読された。それらは——特にその終わりの部分で——示していた。人生とは不断の継続的発達であることを、そして後の世代の者は先の世代の者が着手したことを引き継ぎ、完成させるものであることを。

マリアの絵は、尊い母親の養育と子どもの幼いながらも心からの愛情の双方を、美しく描いていた。その絵は、先立つものと一対をなすもの、あるいはいわばそれを補完するものであった。とりわけその絵の下に記された言葉は、はるかに隔たった過去と現在との結び付きを示していた。

今日、高みにある母親のまなざしは、愛情に満ちて見下ろし、生の日々——真なる母性を十分に理解し、また偉大なる義務を充足するため、それに必要な援助を行うよう努力する日々——にほほ笑みかけているように見えた。

各地から届いていた他の贈り物にも同じような気持ちが込められていた。時にその老翁を喜ばせたものは、年少者のたゆまぬ努力の結晶であった。例えば、木材を彫り出して作った小箱を彼に送ってきた、一二歳ばかりの少年の作品のような。その箱には次のような言葉で説明が加えられていた。

たとえか弱い手であろうとも、
ささやかな贈り物を、贈らせてください。
たとえ不十分な力だとしても、
それが最初に作ったものです。
けれども、あなたを喜ばせるでしょう。
他の人の力は借りていません。
自分の証に静かな信頼を寄せ、
他の人の手で支えられることなく。
あなたはそのなかに見つけるでしょう。
若い年代から萌え出ているものを。

箱のなかには役に立つ小物もいくつか入っており、フレーベルを驚かせ、喜ばせた。それらの色や形の表現は、次のような言葉で説明されていた。

露の滴の明るさで、
心は輝く。光の源で。
空の青さのように美しく、
灰色の大地の上で揺れる。

その次の贈り物には次のような言葉が添えてあった。

水が流れ下るように、
潤いに満ちて溢れるように、
胸のなかからも再び湧き上がり、
流れ落ちる。祝福の流れが。

第三の高価な贈り物の上には次のような言葉が添えられていた。

信頼、愛、忠実という
理念のために。

時にその老翁を喜ばせたものは、昔からの変わらぬ愛の証、信仰心――この教育的努力は真なるキリスト教精神を証明し、さらにはそれを新たに啓示するという確信――に基づいた愛の証であった。

またある時には、ひとつの贈り物が、今や喜びに満ちて個々のものに注がれている人々のまなざしを、再び全体へと向けさせた。そちらでは人類の発達に、あちらでは自然の展開に、こちらでは私たち国民の蕾の教育――とりわけ「北欧神話」による、心の最内奥での、宗教に支えられた教育――に。

午前中は、飾りつけや贈り物を楽しく見、贈られた言葉を聞いて喜ぶうちに、瞬く間に過ぎていった。それらの言葉は、老翁の心を朗らかにしただけではなく、彼を取り巻くすべての人を喜ばせた。というのもそれらは、あるものは近くから、あるものは遠くから寄せられたものであったが、ただひとつの目標を目指す生の一致と協働を表していたからである。

昼時には、新たな驚くべき喜びの知らせが彼に伝えられた。ヘッセン・フィリップスタール方伯夫人――彼女は、その年少の息子の教育のため、また幼稚園を設立するため、フレーベルに幼稚園の女性保育者を養成し派遣するよう請い求めた人物である――が、その保育者の働きのよさと夫人が彼女から受け取ったすべてに対する感謝の気持ちから、花飾りに包まれた素敵な挨拶を送ってよこしたのである。のみならず、夫人に幸福をもたらしたその保育者の功績に対する尊敬の念から、今日、祝福されている老翁に、夫人の車で出かけることを許したのである。それは夫人自身の心に喜びをもたらすためであり、またこの親愛なる教師、父のような友人とともに、その祝日を祝うためであった。――それほどまでに敬意のこもった方伯夫人の行為は老翁を心から喜ばせた。それは外面的な栄誉のためではなく、それが、彼の切り開いた子ども期の養育の真価が夫人の息子やその周囲の人々のところで証明されたことの表れであったからであり、また夫人が身にしみて感じた感謝の意を公表することを、その教育の秘密を他人に奪われることだとは考えていないことの表れでもあったからである。

しかしながら、その全生涯と全努力をか弱い子ども期へと捧げた男は、今日、さらにまた別の素敵な果実の成熟を喜ぶことになった。なぜなら、ごらんなさい、午後になると、二時間も離れたザルツンゲンにある幼稚園から、女性保育者と親切な教師に付き添われて、賑やかな子どもたちの一団が乗り合い馬車でやって来たからである。それは、ついに幼稚園を設立することができた幸運に対する感謝の気持ちに包まれながら、今日その創始者に対して彼らの心からの幸福の祈りを捧げるためであった。子どもたちは、祝祭の装いに身を包み、歌いながら行儀よく広間に入り、彼らを受け入れる準備を整えて立っている父のような子どもの友を目指して近づいていき、瞳を輝かせながら、自分たちで作った贈り物――色紙で飾ったさまざまな編み細工のなかに入れたもの、細木を組み立てて青色の台紙の上に固定したもの、そしてとりわけふさわしい経木板を美しく組み合わせて作ったものなどがあった――を、彼らの冠と一緒に彼に手渡した。それは何と愛らしい光景であったことか。幼稚園が半年前にようやく完成を見ていただけに、子どもたちにとっても贈り物を手渡すことはこの上ない喜びであった。美しく澄んだ声で彼らがその数節を歌った歌は、彼らの町に住むひとりの子ども好きの詩人と愛情豊かで有能な作曲家(ミュラー氏)が、その素晴らしい幼稚園の創設者に対する敬愛と崇拝の念から、作詞し編曲したものであった。子どもたちはその歌も彼に歌い贈った。素敵な子どもらしさに満ちたその歌は次のようなものであった。

ドイツの幼稚園の創設者
フリードリッヒ・フレーベルに
一八五二年四月二一日
ザルツンゲンの幼稚園児によって
心からの感謝を込めて歌い贈られた歌

　お父さん、フレーベル！
今日は山河もきれいにお化粧をしています。
すべては喜びだけを感じつつ、
あなたに繰り返し挨拶を送っています。

　愛しい太陽を見てください。
親しみを込めて挨拶し、
喜びのあまり震えています。
あなたに口づけをしたからです。

遠くから呼ぶ声がしました。
「子どもたちよ、子どもたちよ、急げ！
君たちが取り囲むと
彼はとても喜ぶ」。

歌がたくさん
空に響きわたりました。
そして小鳥も鳴きました。
すべてはあなたのために。

歩いていると
咲いているスミレが尋ねました。
今日の祝祭には
一緒に行ってはいけないの？　と。

ああ、小さな花も、すべてを
心から願っていました！
蜜蜂はこっそり教えてくれました。
今日が誕生日だよ、と。

甲虫が、色鮮やかに、金色に、
羽音をたてて飛び回ります。
すべては今日、
あなたに向かっています。

さあ、高潔な幼稚園の友よ！
ここ、旅の終点で、輪のなかで、
喜びに包まれた私たちの統一を
見てください。

私たちの歌はすべて
今、心から捧げられるもの。
私たちの持てるものはすべて
あなたへの感謝だけ。

恩物をありがとう。
何と可愛らしい、たくさんの恩物。
あなたのおかげで私たちが手にする
歌と遊びをありがとう。

生という道の上を
元気に歩み続けてください。
いつも楽しく朗らかに
私たちを愛し続けてください！

神があなたの努力にたくさん
恵みを与えてくれますように！
永遠に、永遠に咲き続けますように。
あなたのマリーエンタール！

L．ヴッケ

これに続いて、広間の中央に場所が空けられ、子どもたちがそこで可愛らしく元気のいい遊戯を始めた。「その光景に感動を受けなかった者がいるでしょうか！　花がさまざまに開いていくように、その自由な遊戯のなかに、子どもたちは皆、思い思いのやり方で加わり、輪を広げていきました。その上には、統一という素晴らしい目標が掲げられ、それを目指して幼稚園は子どもたちに手を差し延べていました。裕福な両親を持つ子どもたちだけがその恩恵を享受してよいはずはありません。そうではないのです。ごらんなさい。リーベンシュタインの子どもたちも手を引かれてやって来ます。そのなかには貧しい小屋に住んでいる者もおり、幼稚園の女性保育者に手を引かれて来るのです。まるで牧人が子羊の群れを率いて喜びの小川へと連れていくように。彼らは喜びに瞳を輝かせながら入って来て、花輪で飾られた贈り物を、心からの感謝を込めて彼に手渡しします。そして今や彼らはザルツンゲンの子どもたちと仲よく交わり、一緒に同じ遊戯をしているのです。そこには、貧しい家庭の子どもを見下したり、退け者にしたり、差別したりする態度は少しも見られません。ある者は仲間と一緒にいる喜びと幸福のなかで心豊かになり、またある者は仲間と一緒にいるなかで自分を見つめ、学び、陶冶していきます。そして各自が、皆で協力して行う遊戯の演技に自分が必要で、その役に立ち、立派に役割を果たしていることを、見て取っているのです。そのように素敵な子どもたちの生活を見ることで心が高揚させられるならば、次のような問いが浮かんでくるのを押さえることはできないでしょう。残念なことに見失われている祖国の調和は、そのようなやり方で、幼少のころからの愛と統一感によって、そして仲間と一緒に気高さを目標として行われる陶冶によって、蕾のなかに切り開かれ育まれるべきではなかろうか？　と」。

傾いていく太陽に合わせて、その小さな徒歩旅行者たちも帰途についた。彼らは力を合わせて繰り広げられた楽しい遊戯によって心底朗らかな気持ちにさせられ、強いられることなく自ら作った贈り物によって彼らの感謝の意を表現できたことを喜び、幸いにも多くの人々が彼らに加わったことで、またとりわけ、今もなお彼らのために不変の最善を考え実行している父のような友の深く忠実な愛情で、満たされ力づけられていた。

そこに、かなりの量の手紙を携えた郵便配達員が現れた。北から、南から、低部ラインから、バルト海から、大小各都市から、ありとあらゆる地方から、この日に合わせて祝福の挨拶と祝祭を祝う贈り物が届けられているのである。それら祝祭の贈り物からは、人々に新しい生を創り出してくれた人物に対する愛情と感謝のみならず、進歩の喜びと継続して自己を形成していく発展の喜びもまた、光り輝いていた。ああ、ここで生じている出来事、その恩師自身をもありとあらゆる仕方で驚かせ不思議がらせている出来事を、一体誰が叙述することができようか。興奮を呼び起こすほどの不思議さとは、ある時には、短時間のうちに鍛えられた小さな力が、すでに何事かを引き起こす大きな力に変わっているという事実である。またある時には、すでに鍛えられた力が、予想もしなかった作用をもたらしうるという事実である。またある時には、まったく新しいことを発見できる子どもたちの力である――その友はそうした発見に向けて子どもたちの力を育てていった――。またある時には、以前はまだより低い段階にあった力が、想像もできないほど繊細かつ感受性豊かに養成されているという事実である。

その姿を隠して作用する神の力が解放され、そのために、信頼して委託された神からの賜物が早くから活かされ、それによって、信仰心を強める、零落を防ぐ、愛に新しい自由な軌道を開く、そのような道程が見つけられたこと――これらはすべて、喜びを与え精神を高めるはずの出来事ではなかろうか？

この日にあたり、子どもたちが勇気と競争心とをもって、彼らの創造的精神を飾りつける最高の飾りを贈ったように、女性保育者たちも、子どものような尊敬の感情という暖かな気配に包まれながら、彼らに付き従った。そのような心情の表現を実際に目の当たりにすることは、魅力あることでもあり、また幼稚園事業やそれに携わる人物への信頼を高めることにも結びつく。それゆえ、何通かの手紙から一部を抜粋して掲げることにしたい。それらは、この愛情と感謝に満ちた会衆の様子を示してくれるであろう。中部ドイツ出身のある女性は次のように記している。「今日私は、喜びに満たされながら、そう、慈悲深い神に対する限りない喜びと感謝に満たされながら、ペンを執りました。というのも、品格ある先生、あなたという偉大な贈り物が私たちに与えられた日が近づいているからです。私には、心からの祝意をあなたに伝えることなしにその日を過ごすことはできません。あなたがこの大切な日を、喜びに満ちた朗らかな心で踏み出されんことを、そして全人類がなお長い間にわたって、至福に満ちたあなたの功績を享受することができるよう、祈っています。なぜならあなたには、幸福を与える能力だけが備わっているからです。その功績を私は毎日私のなかに見ています。あなたとあなたの賢明な教えによって、初めて私は生きることを学び、人間と自然とを認識しました。これまで私は、自分のなかのどれだけ多くのことを、そこから何事かを考えることもなく、振り返ることなしに見過ごしてきたことでしょう。自然は、今初めて、私に理解できる本になりました。フレーベル先生！　あなたからいただいた良いことのすべてに対する心からの暖かな感謝の意をお受け取りください。私心なく人類の幸せを創り出し働いてこられたことに対し、一点の曇りもない快活な高齢のなかで、ふさわしい報いを受け取られますように。――私と私の幼稚園のささやかな活動のいくつかをあなたにお伝えすることをお許しいただきたいと思います。幼稚園はまだ生まれたばかりなので、草の葉で編んだ、一部はまだ不十分な単純な編み細工がその最初の活動の成果です。けれども、それをあなたにお届けしなければ、子どもたちからあなたへ向けられた愛情を傷つけることになるでしょう。ランプの笠を愛情のまなざしをもって見守ってください。なぜならそれが、私がここで作った最初のものだからです。けれどもあなたはそのなかに、あなたへの思いが私の行動のすべてに編み込まれていることに気づかれることでしょう」。

南からはひとりの女性が次のように書き送っている。「すべてがお祝いの言葉を携えてあなたを目がけて押し寄せている今日、私もまたこの祝祭にあたり、あなたにお祝いの言葉を捧げることをお許しいただきたいと思います。今日この祝祭は、さまざまな場所で同じ感情と心情とを呼び起こしています。あなたに神の祝福があるようにと祈る気持ちで、そして感謝の気持ちで、私の心は満たされています。あなたを知っており、またあなたのお蔭でこの上なく素晴らしく澄みわたった生の源へと導かれた者だけが、今その感謝の気持ちをあなたに向けるのです。その感謝をあなたに捧げることを、彼らは人類の名において当然のことだと感じています。人類のすべてが、あなたが彼らに与えてきた幸福を享受するなかで、あなたにふさわしい感謝の意を表すまでに至っているのです。子どもたちが早い時期から幼稚園のなかで自ら考える力と自律性を身につけると、政治が妨げられ、支配権力が脅かされるのではないか、といった不幸な考えから、人々が抜け出してくれますように。そしてむしろ、精神的な自由をもった国民、例えば幼稚園のなかで、あるいはともかくもあなたの思想体系のなかで陶冶されて成長した国民は、秩序と法を好むがゆえに、最も容易に統治されうるのだということを、人々が悟ってくれますように。そのような理解が広まることで幼稚園が国民に解放されるならば、勝利は完全なものとなり、私の願望と希望は満たされるでしょう。――この素敵な祝祭の時を再び一緒に過ごすためであれば、あなたのそばにいることを私がどれほど喜んでいることでしょう。昨年の祝祭は私にとって忘れがたい思い出となっています。今年は精神のなかであなたとともにいます。あなたのもとでの滞在の日々を思い出すたびに、まったく甘美な気持ちで時を過ごすことができるのです。しかしまたその思い出はいつも私に気づかせてくれるのです。あなたとあなたの奥様の愛情と温情に対し、どれほど私が感謝しなければならないかを。私が切に望むのは、私の献身と専心のしるしをあなたにお伝えすることだけです」。

北から届いた手紙には次のように記されてあった。「感動に満ち溢れた心とともにこの手紙を書き始めています。というのも、敬愛するフレーベル先生、あなたの誕生日にあたり、私は幸運にも、この手紙でお祝いの意をあなたにお贈りすることができるからです。ああ、私の内なる心のなかにあるとおりに、その祝意を言葉に表すことができればよいのですが。ともかく、この湧き上がってくる願望を述べさせていただきたく思います。かけがえのない先生、あなたがこの素敵な日、人類にとって意義深い日を、さらにこれから何度もめでたく迎えられますように、そしてあなたの支持者の輪が年ごとに大きくなっていきますように。ああ、すべての人があなたとあなたの教えを学び知る幸運を持つことができればよいのですが！　私は心からの喜びをかみしめつつ自分にこう言うことができます。おまえは幸福な人のひとりだ、と。なぜなら私には日を追うごとにわかってくるからです、愛しい子どもたちのもとでの活動がすでに私にどれほど多くの徳益をもたらしているかを。我と我が行いを顧みること、自らの考えを律して整えること、そして何よりも自らの生活全体をより高い法則へと向けることを、私は学びました。それによって私の生は聖別され実り豊かになりました。それはきっと苦しい時にも私に力を与えてくれるでしょう。辛い時が訪れないことは恐らくないでしょうから。さらにその感情がとても素晴らしいものであるために、たとえその度合いは小さくとも、人間の幸福のために貢献することができるのです。

幸運なことに私が・・・博士のもとで、ささやかながらも私の力を用立ててもらっていることを、恐らくあなたはご存じと思います。またこうも申し上げることができます。神が私をこの家へ真っすぐ導いてくれたことに対し、すでに私は何度も感謝しています、と。ここではあなたの努力と目標がともにひとつ残らず追い求められています。もしあなたがそれをご覧になるならば、心からお喜びになることでしょう。すでに何度も私たちは、あなたが私たちのもとにいらっしゃることを望みました。私たちの育てている小さな木々とその果実とをあなたに見せるためです。しかし同時にまた、子どもたちにその喜びと幸福のすべてを生み出してくれる人物を紹介し、信頼させるためでもあります。――さらに私は、あなたからいただいた成績表と貴重な手紙に対して感謝申し上げねばなりません。その両方とも私はクリスマスの時に受け取りました。それは私にとって偉大なキリストからの贈り物のひとつとなりました。あなたが成績表のなかに記してくれた課題にいつも従っていくことが、私の最も大切な勤めです。またあなたの教え子としてあなたに心配や不愉快な思いをさせないことが、私の心からの望みです」。

低部ラインからは、ひとりの女性が幸福感に包まれながら、そして他の人々のことを思い出しながら、次のように書いて送っている。「今も小さな女の子たちを教えていらっしゃるのでしょうか？　ああ、それはとても高貴な召命です！　それは日を追って輝きを増していきます」。

低部エルベからも同じような挨拶が送られている。「教育的な召命を感じ取っているたくさんの心に、あなたの経験豊かな生の秘密をもっと打ち明けてくださいますように。また女性に託された課題がどれほど重要なものであるかを認識させてくださいますように。――親愛なる、そして尊敬するフレーベル先生、あなたの誕生日の祝祭にあたり、心からご成功とご多幸をお祈り申し上げます。私の願いは、娘が父に対して、女子生徒が恩師に対して抱く願いと同じです――ひとりの人物が二つの立場を兼ねています。そしてあなたは私とあなたの教え子たちすべてにとってまさにそうなのです」。

彼女が最も嬉しく思った祝祭の贈り物とは、彼女が何よりも次のように言えることであった。「あなたの最も新しい著作によって私は確信できました。私の父のような人よ、あなたの意見に賛同しながら、私は考えをめぐらしたのみならず、行動をも起こしたのだと。けれどもこのような賛同は、精神的な生の結びつきが基礎にある場合に初めて生まれてくることができるものです。そしてまた、その賛同の理由が意識されればされるほど、それだけ一層安心感と落ち着きが得られるように思います。——志を同じくする尊敬すべき人とともに、精神的な結びつきと統一のなかで生きるという意識を持つことで安心感と落ち着きが与えられるならば、そしてこの精神的な結びつき、さらには生の統一感や神との関係が自覚されるならば、この心の状態は高められるに違いありません。それは浄福の始まりではないでしょうか。そしてこの浄福はすでにここで始まっているはずなのです。しかしながら、自己愛から神の愛へと達するまでに、人間は皆どれほどの発達段階をくぐり抜けていかねばならないことでしょう！——その最高の段階へたどり着こうとすれば、人は皆これらの段階を経なければなりません。身体が老いて衰えるにつれて心が若返っていくのと同じように、その歩みの上で人間はますますその輝きを増していくのです——人類の発達の行程もまたこれと同じであると思われます。そして人類のなかに私たちは再び全世界の歴史を読み取るのです。私は世界の理想化を信じています。そしてこの確信に書物のなかの書物から探し出した証左を与えようとすれば、私はそれを預言者マラキの書のなかに見つけ出すことになります。聖書は私にとって神聖で愛すべき書物なのです。私たちの教育的な努力との矛盾を聖書のなかに見出すことはできません。字面を捉えるのではなく、ただ精神を理解しなければならないのです」。

この日のために高貴な女性や男性から寄せられた祝いの言葉をここに書きとめておくことは大切である。けれどもまた、動じることのない男性の心性、および高潔な女性の心情から生み出された、思慮深く真摯な行動にも触れないでおくわけにはいかない。

さまざまな場所で、出資を募る活動を行う姿が見られた。それを通して、資産はないものの、女性のための教養と教育に関する技能を喜んで習得したいと考えている女性の心からの願いを叶えることができるようにするためであった。そのための自主的な寄付がこの日に合わせて送られてきた。けれども、そうした教育に関する教養を得るために貧しい者がどれほど苦労を積まねばならないかを、またその願望を満たすためにどのような努力が払われねばならないかを知るならば、自らの立場を通じて将来の重要な召命についての事前の教育を得ることのできる立場にある女性の幸福を、どれほど讃えねばならないことか？　その事前の教育はすべての女性一人ひとりに必要なのではなかろうか？　彼女は将来、自らの手で家庭生活を統べようと望むのではなかろうか？　そして、それにも関わらずそこでは、彼女が品位と愛情に満ちた妻であり、有能で思慮深い主婦であるという点が顧慮されるとすれば、幸福の源となる彼女の最も大切な課題は、彼女が真の教育者であること、「母親」という高貴な名前にふさわしい本当の意味の品位を体現することではなかろうか？　ああ、生まれてくる世代を教育するために将来彼女たちに特に必要となるその「唯一のこと」に向けて、彼女たちがより深いまなざしを投げかけ、知識や能力を身につけることのできるところ――そこでは、芸術や科学から多くのことが学ばれる。そして彼女たちはそこで自らを深く見つめようとし、またそこへと急ごうとするのである。

夕方遅くには、近郊からやって来た教師や、マリーエンタールを含む教区の品位ある牧師も姿を現した。生の祝祭の次第は、誕生日に向けての挨拶から「仲間との楽しい劇の上演」へと移っていった。まず初めに、皆の気持ちを朗らかなものにすべく、遠くあるいは近くからやって来た仲間たちが、この日のためにある友人が創作した寸劇を演じた。この滑稽味溢れる悪戯に対して、あたかも幼稚園の理念の真理と深さとを思い出させるかのごとく、短い、しかし格調高いヴァッカーナーゲル[24]の歌が再びとって代わった。

子どもの瞳

底知れぬ海のように
子どもの瞳は青い――。
ああ、神よ、こちらを見たまえ。
あなたは神を見ている。

子どものまなざし、神のまなざし。
その前に立つと心は驚く。
神のまなざし、平和の星。
慰めと安らぎを与えてくれる。

子どもよ、何と純粋で敬虔だったことか。
ああ、あなたは子どもだったのか？
弱気になるな、さあもう一度！

子どものようにあれ。

この歌にもこの日のためにN．ヘルマンが曲を付けており、朝と同じ子どもらしい純白の飾りを身に付けた幼稚園の女性保育者たちが、ハンマークラヴィーアに合わせて慎ましやかに、しかし感情を込めて歌った。

次いで幼稚園児たちの遊戯を望む声が皆の間から起こった。それは当然の成り行きであった。その遊戯は、その前に行われたことと結びついており、音調と律動、言葉と運動をひとつの調和ある劇のなかに統一したものだからである。そして、心と精神とを統一する、心に響く一定の理念が、いつも全体の基礎にある。というのも、その理念は意識的に生のなかから汲み上げられており、生を指し示しているものだからである。いつもは舞踏を好む若い女性たちさえも、老若を美と調和のうちに包み込んだ生の表現であるこの遊戯に、より一層の好感を寄せた。そして人々は皆、精神と心情に同じようにふさわしい、変化に富んだこの遊戯の輪に、自ら進んで加わっていった。

そうしている間に遅い時刻となり、別れと暇乞いを考えなくてはならなくなった。しかしその挨拶を行う前に、人々は皆輪になって集まり、大好きな老翁をその真ん中へ立たせた。彼は最後の瞬間まで、彼らの楽しい遊戯にきちんと整った指示を出し、活気を与えていた。やがて人々は皆、きれいに声をそろえて誕生日の「終わりの歌」を歌い始めた。

　鳴り響け、喜びの歌。
歓喜の音とともに、皆の胸から
力強く響きわたれ！
この日を迎えさせてくれた
神の力に祝福あれ。
暗い夜のなかの光——
勇気を与えてくれた力。

　明けの明星を見よ。
明るい光を放ちつつ
青く広がる空の彼方で輝く。
神の瞳も輝く。

朝のきらめきは私たちの喜び。
目を覚まし、幸せをもたらす
神の顔。

　輝く太陽を見よ。
夕暮れ時にも
優しく混じりのない光を放つ
彼の澄んだ瞳は
子どもたちの上で安らぐ。
生は明らかとなり
歓声とともに感謝が捧げられる。

　老いの輝きに包まれたあなたに栄光あれ。
若々しい冠に包まれたあなたに栄光あれ*。
永遠の緑の冠。

神よ、彼を守りたまえ。
彼の英雄の勇気を鍛えたまえ。
助ける者の炎を燃え上がらせたまえ。
勝利の花を咲かせたまえ。

＊この言葉に合わせて、木蔦、銀梅花、ツルニチニチソウでつくられた花冠が、若い女性の手で彼の頭に載せられた。

このようにしてその日は、始まった時と同じように、感謝と愛と喜びとともに、そして生の清澄さと美しい統一とに包まれて、閉じられていった。この日の祝祭をともに体験した者は、その思い出を忘れることは決してないであろう。なぜなら彼は、表象のなかのみならず現実のなかに、全面的に統一された生を見出し、感じ取り、ともに体験したからである。このような考えと感情を抱くならば、必ずや彼は落ち着きを得るであろう。なぜなら彼は今や、「全面的な、い、い、い、生の合一」という言葉――マリーエンタールの教育施設はこの名によって特徴づけられていた――が単なる空言ではないことを理解したからである。彼は小さな仲間たちのなかに落ち着きと協調を見出した。そしてそこから、大人のなかの協調と安寧についてもなお希望を捨てなくてもいいことを学んでいる。むしろ彼は獲得された明澄さの一点に、人類が抗しがたい衝動を携えて追求する目標を見て取っている。私たちは尋ねよう、そこへの出発点はどこにあるのか、そして芽を出し成長していく人類がそれに絡みついていくような支柱はどれなのか、と。私たちは答えねばならない、それは幼稚園である、と。なぜなら幼稚園は、家庭での両親の努力を支援し、学校への備えと橋渡しの役割を引き受け、実生活の要求に応えるものだからである。みずみずしい人間の若枝を大地に根づかせ、立派な木へと成長して、平和という国の王位に就くほどまでにそれを育み培うのは、幼稚園である。それゆえ私たちは、園を作り、その静かな力を秘めた新芽を、力を合わせて守り支えよう。その新芽は空に向かって伸びていき、自然と精神とにふさわしく、また統一へと達するものでなければならない。なぜならそれは精神と心の調和のなかから芽吹いたものだからであり、はるかかなたに続く過去という歴史的素地のなかから、そして最高者との、神とキリストとの、すべてのものとの統一を心得ている生きき生きした心情の深みのなかから、成長していくものだからである。

この祝祭の日が過ぎた後、フレーベルはしばらく穏やかで朗らかな表情を浮かべていた。これまでの誕生日と同様、その日のことについても彼は、興奮気味に勢い込んで話したりはせず、喜びに満ちた静かな感謝のうちに語っていた。彼は次のように言い添えた。表現されたものはすべて「ひとつにまとまって」おり、「ひとつの考え」のなかから出てきたようである。けれどもそうした表現は、歓迎し承認し受容してくれる基礎ができているところでのみ生じうる。つまり本来、理念と努力を通じて統一された生のなかでのみ遂行されうる。しかしまたそのような生が実現しているならば、他の諸事情もまた好転して展開を促し、調和は引き続き完成されていくであろう、と。

このようにして彼は、完全に統一された、極めて小さなその生の領域を自らのうちに感じ取り、その領域のなかに家庭を構成する本質的な諸要素が含まれているのを見て取った。それゆえ意識的な生を送りながら、また調和のなかで影響を感じながら、彼は自分が長い間何を求めて努力し、苦労してきたのかを見据えていた。そして濁りのない朗らかさが彼の心を満たし、その言葉と瞳のなかから輝き出ていたのであった。

しかしながら、大地はそのように澄んだ空の青さをさほど長く支えていたわけではなかった。変化のきっかけとなったのは、新聞の切り抜きを同封したハンブルクからの手紙である。

当地で互いに険しい対立関係にあった宗教的な党派の双方が、あたかもフレーベルが自らの側に立っているかのように彼らの見解を強調しながら、フレーベルの活動を評価するよう主張してきたのである。それによって彼は簡単に、自己の分裂した姿、自らの発言とは一致しない姿を現すことができたであろう。しかしながら、統一という意識にのみその存在の重点を置いている彼、この鋭い対立の外部に、いやむしろ常に発達を続ける人類の統一された精神の内部に自己を見出している彼、そのような彼は、その誤解によって心の最内奥が傷つけられるのを感じたに違いなかった。彼はその非難を、最初はひとりで読み、しばらくたった朝、彼の妻と私に知らせた。「私たちをあまり深くまで喜びに溺れさせないよう、ここで私たちが無邪気に喜んでいる間に、遠方では手痛いやり方で幼稚園活動が批判されている。今は早く回答を送ることが大切だ」と言いながら。

その件で私たち二人はザルツンゲンの幼稚園を訪れた。そこの幼い子どもたちの一団が彼の誕生日を祝うために喜んでやって来てくれた、あの幼稚園である。子どもたちの可愛らしい声は、私たちが到着するや一段と喜びを増し、時にはそろって、時には個々別々に、のびのびと汚れなく響きわたっていた。作業中に見せる元気な活動。そのなかである子どもはこちらへ、また別の子どもは信頼に満ちた声であちらへ、フレーベルを呼び寄せた。さらに、一緒に訪ねていた教師や友人たちとの楽しげな交わり。心からの歓待を受けるなかで自然に弾んでいく会話。幼稚園活動のさらなる発展に向けて若々しく力強い手が指示する助言　すべては彼を喜ばせ力づけるのにふさわしいものであった。

けれども、後から振り返って気づかされたことであるが、普段はあちこち歩き回り、全体に目を配り、身の周りの話を聞かせ、すべてを引き続き意味深く組み立てていく彼が、子どもたちの遊戯の間にたびたび椅子に腰をおろしていた。それはいつもとは違っていた。しかしさらに思いがけないことが起きたのは、その後で私たち二人が、予定を変更して、幼稚園活動に非常な関心を持ってくれている教養豊かな女性のもとを訪れた時であった。部屋に入るやいなやフレーベルは、青ざめたような顔つきで長椅子にくずおれたのである。疲労の色はすぐに消え去り、それに代わって幼稚園活動についての熱のこもった会話が交わされていった。けれども帰宅の途中、普段であれば好ましい話題が喜んで取り上げられ、それをめぐってさらに話が進んでいくはずであるのに、その日は名状しがたい沈黙が支配したのであった。

家に戻ってからも、彼は休むことなく仕事を続け、次の日には先の非難に対する論駁をますます詳細な点に推し進めていった。その論文は新聞に載せる記事としては長くなりすぎたので、小冊子としてまとめられることになった。彼の真摯で深みのある口調は、しかしながら、非常に柔和なものであった。そのため普遍的真理を確固として視野に収めている彼は、あらゆる私事を喜んで差し控えたのであった。私が帰途につかねばならなくなった時、彼はいつものようにその家の皆と一緒に私を見送りに出てくれた。けれども、それほど遠くまで行かないうちに、最初の小高い丘の上でもう彼は立ち止まり、こう言ったのである。「これ以上は一緒に行けません。息をすると胸がとても苦しいのです」。同伴するのは彼ではなく誰か他の人だけに任せたほうがよいと、その様子は物語っていた。彼の力はすでに著しく損なわれているに違いなかった。帰り道、私の不安はつのるばかりであった。

その後のことについて、ますます顕著になる容貌の変化を認めながら、彼の妻が報告している。「フレーベルの肉体と精神は、ともに同じようにあの急激な変容に苦しめられていました。彼は全力を振りしぼって例の論駁の仕事を行いました。そのなかでもう一度すべてを秩序だてて説明しようとしたのです。医者はすぐにも休息が必要であると告げました。けれども彼はその仕事が完成するまではその恩恵にあずかろうとはしませんでした。そのため何日かは床に就いたまま執筆を続けることになったのです。――その後、新しい女子生徒たちが到着しました。フレーベルの容体はわずかながら回復し、仕事は調子を上げて進んでいきました。けれどもすぐに病は重くなり、フレーベルの強い意志の力ももはやそれに打ち勝つことはできなくなってしまったのです」。

「仕事をしている間、彼は終始無言で、自己の内面へと立ち戻りました。外の世界は冷たく不快なものと感じていたのです。ある日の夕方、一度だけ私たちは散歩に出かけました。その日は当初すぐ近くまで行って帰るつもりでしたが、フレーベルはかなり高い山の上まで登りました。互いに寄り添い窮屈そうに見える山々の間から広々と日没を眺めるためでした。その景色を見たおかげで、彼はかなり喜び力づけられました。その後も私たちは一緒に二度ほど近くの山上から日没を眺めました。けれどもその後は、出かけるたびに気づかされたように、山登りは彼にとって骨の折れすぎるものとなりました」。

「五月一六日はアルテンシュタインへ遠出しました。フレーベルはそれを例えようのないほど喜んでいました。一団のうちの何人かは徒歩で先に行き、回り道をしてやって来る者たちを宿で待っていました。彼はもう一度山のなかを歩くことができたことを幸せに思っていました。そしてお気に入りの場所をすべて訪れ、話をし、歌を歌いました。また、さまざまな木々の美しい緑を賛美し、私たち皆に――二度と再び目にすることができないかも知れないので――この印象を固く心にとどめておくよう促しました。エオルスハルフェではちょうど日没を見ることができ、機嫌よく家へ帰りました。さらに夜には、彼の指示のもとに家で遊戯が行われました」。

少し後の彼女の記録には次のように記されている。「重い病気が襲ってくる何週間か前に初めて医者を訪ねていった時、しかしその時すでに病は徐々にフレーベルを冒していたのですが、彼は医者に向かって言いました。「妻があなたに迷惑をおかけして申し訳なく思います。私にはどこにも悪いところはないことでしょう」。医者は答えました。「たくさん見つかるはずですよ！」　そしてその言葉どおり、彼のほうでもすぐにそれを自覚するようになりました」。

「それから暖かな日々が訪れ、彼の精神は改めて生き生きと元気を取り戻しました。けれどもフレーベル自身は次のように考えていました。彼の身体は雨の多い冷たい日々にはもはや耐えられないであろう、と」。――

Ⅵ．ゴータでの教師会議

一八五二年　聖霊降臨祭

しばらくして、ゴータに出かけることになった。そこで開かれていた教師会議では、その初日から早くも、フレーベルの姿を見たいという教師たちの願いが数多く出されていた。それを受けて、六月三日に来訪してもらえないかという招待状がフレーベルに出されたのである。時間は差し迫っていたが、旅の支度は急いで整えられ、木曜日の早朝にフレーベルは妻を同伴してルーラを経てヴータへと出発し、そこからは鉄道でゴータへと向かった。会議はちょうどディースターヴェークの講演に耳を傾けていたところであった。彼が会場に入ると全員が立ち上がった。講演の終了後、議長であるハンブルク出身のテオドール・ホフマンからフレーベルに歓迎の挨拶が述べられ、万歳が三唱された。フレーベルの手短な謝辞は、討論の主題――子どものための自然学の授業――に結び付けられており、多くの注目の的となった。なぜなら彼の語ったことはすべて彼自身の経験に基づくものだったからである。彼は子どもたちが自然に接するなかでその喜びを呼び覚ましていくような小さな幼稚園について話をした。そこでは植物一つひとつの名前が学ばれ、その成長が観察されるのであった。

フレーベルは、友人のディースターヴェークのそばにならんで会議に列席していたが、それが終わるとヘロルド夫人の幼稚園を訪ね、夕方には射撃協会会館で催された公開の会議に参加した。そこには聖職者、公官吏、将校がひとり、そして多くの女性も出席していた。ルドルフ・ベンファイ氏が議長を務め、討議の開催を告げた。フレーベルは幼稚園が女性教育に及ぼす効果について述べた。女性たちは子どものなかのか弱い蕾の成長を見守ることができるからであった。多くの母親がその娘を彼の養成課程に預けることが望まれた。マルクヴァルト博士夫人、アドルフ・ディースターヴェーク、ルイーゼ・フレーベル夫人、そしてさまざまな立場にある教師たちも、同じような主旨の発言を行った。コールバッハの学長ケーラーは自らの経験を語った。これを以下に紹介したい。

「フレーベルの教育方法、とくに子どもの遊戯が心情全般に与えた影響、そしてとりわけ女性の心情に与えた影響については、簡単に触れるだけで、あるいはむしろ二、三の事実を挙げるだけで十分でありましょう。ディースターヴェークの教育学年報に収められているFr. フレーベルについての有名な論文[25]に興味をそそられて、先の聖霊降臨祭に私はマリーエンタールとリーベンシュタインを訪れました。フレーベルについて書かれた書物を読むなかでは曖昧にしか分からなかったことを、自分の目で見て確かめるためです。親切で若々しい老翁は自らリーベンシュタインの幼稚園を案内してくれました。子どもたちのなかで活動する彼を見ながら――同時に心からのいとおしさが感じられました。遊戯と歌が非常に私の心を打ったので、不器用な体の動きにも関わらず私は知らないうちにそれに加わっていったのです。また別の日にはシュタインバッハのモチュマン氏のところで私は見ることになりました。ある普通の国民学校がフレーベルの教育理論をいかに適切なやり方で利用できるものであるかを。そこでは幼稚園がすぐに設立されるわけではないにも関わらず、です。それから数週間の後、コールバッハで私たちの学校祭＝子ども祭が催された折、私たちはフレーベルの遊戯と歌を試みてみました。それらは主により小さい子ども向けのものでした。けれども、年長の子どもたち、特に上級学級の少女たちもそれを特に気に入り、一緒に歌い遊ばせてくれるようにと懸命に願い出てきたのです。それからすぐに私は、元気に溢れた子どもたちの一団が散歩をしながらフレーベルの歌を歌っているのを聞き、また年長の、すでに堅信礼を受けた少女たちが「ハトの家」[26]の遊戯の時に、小さい子どもたちを手助けしている姿を見ることになりました。――昨年私は、リーベンシュタインから戻って来るとすぐ、私の住んでいる地域にもフレーベル自身の著作やフレーベルについて書かれたものを読む読書会を組織しました。この前の冬には――その時私は、教育施設を視察するため、私たちの中等学校を管轄する当局の許可を得てベルリンに滞在していたのですが――ギムナジウム教師のベック氏がこの読書会の輪を広げてくれました。今日では、嬉しいことにコールバッハにおいてもフレーベルの活動を受け入れる厚い基盤が整っており、それゆえ順調にいけば数週間のうちにも私たちのところへ幼稚園を開設することができるでしょう。幼稚園の生徒たちは、たいてい教養ある両親を持った、中産階級の子どもたちになるでしょう。けれども、子どもに理解を示す富裕な人々が一定の寄付金を支払うことで、まったく貧しい子どもたちもすぐに幼稚園に姿を見せるようになるでしょう。私たちの都市学校に通う年長の少女たちも、子ども時代の養育の様子を知るために交代で幼稚園に行き、特別の講義を聞くことになるでしょう。そしてまた、資金が調達されうるならば、家庭の後見を持たない貧しい子どもたちの保護施設と幼稚園との連携が計られねばなりません」。

ゴータへ向かっている間、フレーベルは口数も少なく自己のなかに引きこもっていたが、帰路では表情も朗らかになり、よく話した。森を抜けて続くルーラからの美しい道は、「グレックナー山」の近くを通っていた。フレーベルはそこで降り、妻に手を引かれて彼のお気に入りの場所を訪れた。その時がそこを訪れる最後の機会となった。歩くことさえもはや彼には困難になっていた。山上にある花崗岩の岩陰で彼らは休憩し、近寄ってきたルーラの林務官と話をした。フレーベルはひとつの希望を述べた。「私がこの世を去った後に、将来ここに私の名前が残されると嬉しいのですが」。この願いは実現した。というのも彼の妻が、後にそのことを願い出たからである。今日私たちは花崗岩のひとつに次のように刻み込まれているのを読むことができる。

フリードリッヒ・フレーベル＊
一七八二―一八五二

＊その近くの別の岩には、林務官たちの頭文字と、一八一三―一八七一という年数が刻まれている。彼らはルーラの営林局参事官ケーニッヒが世紀初頭に指導した教え子にあたる。またその年数はモミの木の植林に関するもので、五八年後にはそれらが伐採可能になるという見通しを意味している。

この木の下で、子どもの頃から好きだった神の素晴らしい自然に包まれながら、フレーベルは休息をとった。そこで彼は数多くの幸福な時を過ごしてきたが、これが最後の機会となった。それから彼はマリーエンタールに戻った。そこでは女子生徒たちが部屋を鮮やかな緑色で飾りつけて彼を迎えた。それを見ると彼の気持ちは軽やかになった。彼にはなおあちこちを訪ねていけるような気がした。そして再び、宗教についての見解を書きとめるため、またあらゆる嫌疑に対して自己の正しさを主張するため、すぐに机に向かった。そのために彼は病床のなかにおいてさえも執筆を続けた。しかし以前のような力は彼からはすでに消え去っていた。

Ⅶ．死と埋葬

ルイーゼ・フレーベル夫人とある女子生徒の報告、そしてミッデンドルフの手記より

フレーベルの生の終わり

「六月六日に突発した病気を、フレーベルは、彼の性格の根治療法と捉えました。彼は医者の指示に忠実に従い、その次の日にはもう、薬剤の選択が適切であったことを感謝し、喜びの意を医者に伝えていました。またある朝も、開かれた窓のそばで、申し分のない自然の緑の眺望に満足しながら、彼は医者に言いました。「調子はとても良好です。この素敵な世界を喜んでいます。行き届いた世話をしてもらっています。足りないものはありません」。——別の日には、花を観賞しながら言いました。「私は花と人間と子どもと神

を愛しています！　すべてを愛しています！」。――けれども、すべてのものに対する最高の喜びと心からの献身は、言葉のなかよりもそのまなざしのなかに表れていました。自らの生に課せられた課題に彼は普段から心を砕いていました。しかし今やその悩みも解消し、神の摂理に対する固い信頼を生み出しました。そして精神はこのような生の理念が引き続いて形作られていくのを、はるか以前から喜んで見つめていました」。

「その人生最後の日まで彼に生気を与えていたものは、愛情溢れる贈り物のすべてに対する無限の感謝の気持ちでした。そのため彼は、それらを受け取るたびに、いつも暖かな謝意を表しました。――すべての感覚のなかで最後まで最もよく働いたのは彼の嗅覚でした。それゆえ彼は、彼に届けられた花はすべて、そして銀梅花の小枝なども、その香りをかぐために擦りつけて嗅いでいました。また、ワインやオーデコロンで手を洗うことも、彼はとても気に入っていました。しかしながら、やはり彼は新鮮な水のもつ元気を与える力を識別し、ほめたたえました。それは彼の生涯を通じて彼の最も好んだ飲み物だったのです！」――

「ある朝医師は、薬が苦すぎないか尋ねました。フレーベルは否定して言いました。

「苦いものは子どもの健康に良いでしょう
たとえ子どもが口をすぼめるとしても

自分で可愛い詩にしてみました。私は自分の語った箴言をすべて生のなかで実践しなければなりません」。そして医師に『母の歌と愛撫の歌』のなかの詩行を見せてもらいました」。

「花と果実がフレーベルの喜びのほとんどを占めていました。薔薇の花のなかに彼は自らの生の表象を見ていました。彼が現世で片付けておくべきことを整理し遺言を書いた日には、根元から新しく伸びてきた薔薇の木を、彼の新しい落ち着いた生の表象と見なし、歓迎の挨拶を送っていました。その蕾の数が彼に残された年の数であればよかったのですが、しかしそれは残された生の日々の数を表すものでした。オレンジの木のなかにも同じように生の表象を見ていました。最後の日には、彼はこの木を妻の命と結び付けたのでした。自分の生の課題に対する気遣いをすべて、彼は神に預けていました。それゆえ彼にとって満足のいく最もお気に入りのものは、身近な仲間たちでした。一度だけ、ある祝祭の日の思い出に彼に美しい花が届けられたことがありました。その時彼はそれを自分でいくつかの可愛らしいまとまりに分け、多くの女子生徒たちがそれをそれぞれ手に持って彼に見せなければなりませんでした。その後で彼は何度も花を部屋のなかにきれいに並べて立ててもらいました」。

「すでにフレーベルの衰弱が激しくなっていた夜、彼は何時間も黙っていました。最後に彼は、妻から受けた介抱に対して何もしてあげられなかったといって嘆きました。けれども彼女が隣の部屋からやって来た時には、彼は嬉しそうに彼女に挨拶をしました。—そして、すでに夕方から覆ってあったランプの笠(聖夜が描いてある透かし絵)を明かりにかざして見、その状況を嬉しそうに目に焼きつけながら言いました。あなたがたはすべてを何と美しく整えているのでしょう、ああ、今すべては素晴らしい、と。そしてその透かし絵をまるで初めて見る幻想のように長い間見つめながら、しばらくたって自らその愛らしい絵を遠ざけてくれるよう頼むまで、彼は感謝の言葉を繰り返していました」。

「身体の衰弱のため心のふさがる時を過ごすようになってからは、彼はいつも窓を開けてくれるよう請い、深い黙想のなかで、そのようにして自然を味わうことがとても大きな励みになっていることを讃えました。彼はまた大抵、花を自分に近寄せてもらいました。その香りと色は、彼の人生最後の日まで彼を幸せにし、力づけたのです。けれどもまた彼はそのような時に、自然との一体感を感じ、彼を取り巻く人々との一体感をも心から表現し、さらには、たとえ言葉で表すよりもまなざしのなかに示されることが多かったとはいえ、無限の神、そして父との一体感をも感じていたのです」。―「家にいるものは皆、病気に引き込まれていくように感じました。けれども医者と、部屋の模様変えがそのたびに確実にもたらした気分転換とが、最良の静養を与えてくれました。フレーベルのほうでも容体についての報告をもはや気にかけてはいませんでした。一日だけ、ミッデンドルフが彼に一篇の詩を届け、ヘルマン氏がそれに曲を付けてくれたのだと告げた時、フレーベルは彼に、その歌を女子生徒たちとピアノに合わせて歌ってくれるよう頼み、彼のいる小部屋の隣の部屋でそれを歌ってもらいました。それ以外の時間は彼には休養が必要でした。その病人は落ち着いて十分に眠ることができ、その後もたいてい気分は爽快でした。一度だけ、不安な夢に責め苛まれたことがありました。それは信頼して任されたと考えていた高い身分の子どもの世話に関する夢でした」。

「金曜の午後。（バーロップ、ミッデンドルフ、クレメンスはすでに朝から彼のところへ来ている）そう、それは何と素敵なのでしょう！　誠実さが途絶えることはありません。愛しい、愛しい人たち、あなたがたに言います、私を信じなさい――素晴らしい！　神に対して忠実であり続けなさい‼　――バーロップ、あなたはもう一度言うでしょう、私はフレーベルのようでありたい、と。農業専門学校、技術学校。商売人、科学の人、この――ミッデンドルフ――子どものような人、私はこの三者をすべて自分のなかで統一しています。私に忠実であり続けなさい。幼稚園活動に忠実であり続けなさい。マルクヴァルト、編集者、力を合わせて作業をすべきです。――ルヴェーダ*も一緒にそれに加わるのです。母親は挨拶します！　全員が活動すべきです。――私は去りはしません、まだ五年間はあなたがたとともにいます。（オレンジの木）真正なる生の表象！　薔薇をください。ごらんなさい、今やそれは私の生の表象です。ここで根のところまで切られています、そして新たに急成長しているのです――五つの蕾、生命に満ちた表象！（窓のそばの花がフレーベル夫人によって並べられる）素晴らしい集まり！（花に向けて）素晴らしい生の全体！（集まった人々に説明しながら）素晴らしい生の全体！　さあ幸せな人生を送りなさい――私は去りはしません、、、――少し私を休ませてください」。

＊女子生徒のひとり。

六月一七日、木曜日、私はハンブルクからマリーエンタールへ着いた。そして家の前の路上で、たった今フレーベルのところからやって来た医者と出会った。彼は、今夜フレーベルに会いに行くのは勧められない、彼自身の往診がすでにフレーベルをとても興奮させてしまったから、と私に告げた。それを聞いて私は心配になった。私の到着を彼に知らせるのは控えねばならないと考えられていたからである。ひとりになり、内なる心のまなざしが自然に生へと向けられた時、私は思い出した。復活祭の時に私が別れを告げると、彼が次のような願いを表していたことを。それは、私がハンブルクから戻る折には――それまでに彼はハンブルクのためにも幼稚園活動に関する完全な書類を書き上げていた――マリーエンタールに立ち寄り自分を弁護してほしい、というものであった。その時私は、マリーエンタールへ行く可能性を予見できなかった。しかしながら私たちの運命を導くものは、私たちの考えの及ばない事柄を可能にする方法を知っているのである。ハンブルクへ着くやいなや、彼とともに活動するためすぐにマリーエンタールへ向かおうという願望が、まるで今すぐに履行されねばならない要求のごとくに、不思議にも私のなかに生じてきたのであった。出発の前日も、彼の病気についてはまったく知らなかったものの、私には改めてその考えが浮かんでいた。そして、ごらんなさい。ある人が私にカイルハウで初めてその病気のことを知らせようとし、そして午後には、もう一度友人に会いたいのならば急ぐ必要がある、という勧告がハンブルクの私のもとに直接届くのである。私はすぐ次の朝の鉄道でここに向けて出発し、夜には、張りつめた興奮に包まれて彼との再会を待ちわびていた。

翌金曜日の朝、ある男性が私に面会の希望を伝えてきた。そして私は図らずも、カイルハウのバーロップ氏と、同伴のクレメンス博士に出会うことになったのである。彼もまた特別の招きに応じて、昨日の夕刻、この近くに着いたのであった。

博士が行ってフレーベルに私たちの到着を告げると、フレーベルはすぐに私たち二人――バーロップと私――を呼び寄せた。彼は私たちに手を差し延べ、それぞれに挨拶の口づけを許した。それから彼は、遺言のなかに定めているように、身の回りのことについて話をし、私たちは言われたとおりにそれを行うことを約束した。それから彼は妻にも入って来るように頼んだ。私は彼の記名簿を取りにいき、そのなかに保管してあった彼の代母の書状を読んで聞かせることになった。一文を読み上げるごとに――例えば最初の文にはこうあった「今日のこの日、愛しい受洗者よ、あなたに天からの恵みを授ける勤めを果たすことができるという喜びに、私の心がすべて満たされていないということがありましょうか」――彼は大きな声でそれを遮った。「私の信任状《クレディティーフ》！」と。特に次の箇所――「これより先は、この私たちの救世主は、あなたとともにあり、正義と恩寵と慈悲のなかで、その秘奥を打ち明けていくでしょう」

――では、「私の信任状！　私の信任状！　バーロップよ」と叫んだ。そして最後の部分――「お聞きなさい、息子よ！　このことに気をつけ、変わらぬ忠誠をもって、今あなたのものである最高の魂の友を支えとしなさい」――では、三たび彼は言った。「私の信任状！」と。あたかもそれは、こう言わんとしているかのようであった。「私の一生は、最初からその友に捧げられてきており、人生のなかで私がその絆を疎かにしたことは一度もありません」。「あなたとともにあり、正義と恩寵と慈悲のなかで、その秘奥を打ち明ける」という言葉――この言葉を彼はさらに自分で何度も繰り返し、周りにいる者にもそのとおりに言わせた。彼の心のなかに宿っているキリスト教精神がどれほど真摯なものであるか、そして彼が普段それについて語ることがどれほど少ないかが、それによってうかがわれた。その精神が彼の生の根幹をなしていた。それゆえ、ルードルシュタットでの教育者会議においても次のように言うことができたのである。「私はキリスト教精神がひとつの真理となることを目指して活動しているのです」。同じように彼は、個人的な私信のなかでこうも言っていた。「誰がキリストを知っていましょうか？　しかし私は彼を知っており、彼のほうでも私を知っているのです。私は彼が望むことを望むのです。しかし私たちは彼の遺言――精神の約束――を受け継がねばなりません」。

そのように外的、内的の両面にわたって明らかにした後、彼は深い安堵の表情を見せ、彼と結びついた生について語り始めた。これに関しては短い言葉で、ほとんどわずか一語ずつで語った。「愛」「邪悪でない」――「法律学から離れて」――「あなたの、あなたたちの二人の子どもによくしてあげなさい」――「カイルハウではお互いに理解しあっている」――「統一、合一、調和」「あなたたちの間の平和、喜び、協調」――「素晴らしい生、まったくそれがふさわしい」――「大家族、手本となる生」、そして再び「真理は生のなかにあるべきだ」――「バーロップよ、おまえは、私はフレーベルが望むことを望むと言ったか」――「家族、統一された努力」。

妻について彼は次のように述べた。「あなたがたは彼女に多くを、非常に多くのことを負うています！ 彼女を従姉妹として、伯母として、あなたがたのなかに受け入れてください。彼女はとてもよく私の世話をしてくれました！」

カイルハウのシャフナー[27]がそこにいないことを、彼はとても残念がった。

今や、彼の最初の教え子のひとりで、ヘンリエッテ・ヴィルヘルミーネ・ホフマイスター（彼の最初の敬愛する妻）の里子であるクレメンス博士も入って来るべきところであった。フレーベルは深い意味を込めて彼を指差しながら話しかけた。「息子よ」「おまえがもう二度と離れて行かないで、施設で教えるなどしてくれればよいのだが」。――「施設は互いに協力し合わねばならない」。――「ひとつの精神のなかで結びついて」「世界を創り上げていく施設とならねばならない――さもないとそれは用をなさない」。――次いで、医師、宮殿医師＊も入ってきた。彼に向かってフレーベルは言った。「政府、行政は、忘れることなく侯爵と侯爵夫人を励まし、皆を世話させるよう促さなければなりません」。医師は答えた。「私にできることは、怠りなく実行します」。それから彼は再び言い添えた。「私はキリストを信じる人間です」。医師は言った。「それを疑うものは誰もいないでしょう」。

＊デプナーの医学参事官、マイニンゲン侯の侍医。

今やまるですべてが片付いたかのように見えた。フレーベルの表情はとても柔和になり、バーロップにこう語りかけた。「おまえのこともとても好きでした。神を信頼しなさい。生に忠実でありなさい」。それからさらに彼はカイルハウでの活動がまったく新しい展開を見せていることについて触れ、私たち三人を指差しながら順々に言った。「農耕の人、自然研究者、子どものような人」。ここで彼はワインを少し欲し、二匙ほど飲み、そして言った。「さあ、幸せに過ごしなさい。うちへお帰りなさい。――私は起きます」。

午後には、ハンブルクの幼稚園の女性保育者が小さな棒で作った素敵な作品を持って来させ、喜びとともにそれを皆に見せた。クレメンス博士は、手を洗うための水と酢とオーデコロンを準備した。フレーベルは親切に言った。「彼には分かるのですね」。手を洗うことはフレーベルにとってとても心地好いことであった。彼はとても嬉しそうに微笑み、言った。「おまえもよく分かっていますよ、バーロップ」。

その後、彼は窓を開けてもらい、景色を見ようとした。さらに花を持ってきてもらった。最初は花と蕾をつけた薔薇の木であった。彼は手を土の上に置き、それから上に向けて木を擦っていった。続いて、オレンジの木を持ってきて、薔薇は窓のところへ置くよう求めた。それから大きなペラルゴニウムの木。花をつけたその木は、オレンジの木よりも目立っていた。最後は赤い花を咲かせているヘリングスゼラニウムと銀梅花であった。その香りで自らを力づけようと、彼は手でそれを撫でた。私がそれらを窓のところに並べて見ていると、彼は言った。「ミッデンドルフもそれをとても喜んでくれるので、私は嬉しく思います」。その後バーロップとクレメンス博士が少しの間席をはずした。心に咲く花も彼を喜ばせることができるだろうと考え、私は言った。「ヘルマン氏が作曲した歌も持ってきていますよ」。その詞——「母親の胸に抱かれた子ども」——を彼に読んで聞かせると、彼は言った。「私にはすべて分かります。

その歌を少女たちと一緒に少しでも弾くことができるかどうか試してごらんなさい」。私たちがその歌を通して歌っていると、彼は私たちを呼び寄せ、彼の部屋でそれを歌わせた。少しでも彼を元気づけることに役立つことができたので、皆喜んでいた。

次の日の朝、六月一九日、彼は病床のそばにバーロップを認め、こう言った。「おまえがもうそこにいてくれるのは立派だ」。次いで彼はドレスデンからやって来たマルクヴァルト博士夫人に尋ねた。「ピーチュ夫人はもうそこにいるでしょうか。彼女が来ることになっているのです」と。彼女が部屋に入って来ると、彼は言った。「口づけをください」。そして「私のためにあなたがしてくれた善いことはすべて、今も私の心にしまってあります」と言い、感謝を込めて彼女に口づけをした。

それから彼は、私がそこにいるかどうか尋ねた。「手を差し伸べてください」。――そして三度口づけをした。彼の心は感謝に満ちているように見えた。

やがて彼は目を開け、再びバーロップを見た。そして上方を指差しながら呟いた。「すべてを愛する。何ものも排除することなく」。

私は彼にアドルフ・マイヤーの話をした。資金を集めて市民幼稚園の純粋な発展を確実なものにした後で、彼はフレーベルをハンブルクに迎えようとしているのだ、と。彼は言った。

「ハンブルクへ行こう」。

雷雨が襲っていたため、窓は閉じられたままだった。彼は言った。「私は雷雨が好きです——私は雷雨が好きです——新しい生活です」。

クレメンスに向けて、「息子よ、それを忘れないように！」

ピーチュ夫人に向けて、「ありがとう、心から感謝しています、どうもありがとう」。

皆は彼の周りに集まっていた。彼の妻、ピーチュ夫人、マルクヴァルト夫人である。そして私は、病床の上に彼のほうを向いて座り、彼の手を支えていなければならなかった。

バーロップが入ってきて、彼の妻が言った。バーロップももう来ていますよ、と。フレーベルは言った。「それは嬉しい。私はバーロップに感謝しています。私はバーロップがとても好きです」。

そこでバーロップは彼の手と顔を冷たい水で洗った。彼にはそれがとても快く、感謝を込めて優しく微笑んでいた。

それから妻が彼に近寄り、彼は心を込めて彼女を見つめた。彼女は語りかけた。「あなたがそんなにも優しく私を見つめてくださるなら、ますますあなたに近寄ってゆかねばなりません」。——彼は言った。「あなたは私の妻なのです(彼はその言葉をたびたび口にしていた)、私のルイーゼ、私を世話してくれる人」。

夕方、フレーベルは私のほうを見て尋ねた。「バーロップは行ってしまいましたか？」　私は答えた。「彼は行かなければならなかったのです。けれども私たちの誰も家に帰ってはいません」。「それはいい」。彼はさらに尋ねた。「クレメンスもですか？」　――はい。「わかりました」と彼。腕を上げながら彼は私を見ようとし、私に笑いかけた。私の目には涙が溢れた。

翌朝、六月二〇日の日曜日、彼は私を見ながら次のように尋ねた。「あなたはいつ帰っていくのですか、ミッデンドルフ？」「私はずっとここにいます」。彼「素晴らしい、それはいい、立派だ」。

医師がやって来て、彼の脈を計りながら尋ねた。「気分はいかがですか、教授」。彼「自分で見てください。彼の調子は良いようです」。彼の妻に向かって小さな声で「あなたの顔をオーデコロンで洗いなさい」。彼女「喜んでそうさせてもらいましょう」。

彼をとても慕っていたひとりの小さな子どもが、彼に花と小鳩を持ってきた。妻はその子を腕に抱いて彼の部屋へ入っていった。彼はその子に微笑みかけ、さらにうなずいた。彼はその子の手を取り、自分の口のところへ運ぼうとした。けれども彼にはそれをやりとげる力がなく、自分の手を弱々しくだらりと垂らさなければならなかった（なぜならその手はすでにむくんでいたからである）。それは胸を打つ光景であった。フレーベルに近寄っていった時、その子はどれほど喜びを感じていたことであろうか。そしてまた、切なる愛情によってその子の心はどれほど動かされたことであろうか。まるでその子が、すべての者に代わって、フレーベルがまだこの世にある間に、彼らの愛情と感謝の気持ちを彼に伝えようとしているかのようであった。また、フレーベルが、死を前にして、この愛しい子どものなかにすべての子どもたちを祝福し、彼らの将来の至福を祈っているかのようでもあった。

休みをとった後しばらくして彼が元気を取り戻したように見えた時、私は言った。この春私は、自然が一冊の啓示の書物であることを経験しました、と。それから私たちが彼の手を洗い、彼の妻が彼の胸を洗えるよう私が彼の上体を起こした時、彼女は言った。半袖の上着は純粋な絹糸でできています、と。すると彼は妻に、まだ他にもあるそのような上着を私にも与えるようにとの合図を送った。そして彼は先の言葉に絡めて次のように付け加えた。「純粋な絹糸で、繭で、自然で」。

六月二一日、月曜日。彼の妻は朝私に言った。「昨夜フレーベルはワインのスープを求めました。しかもラクリマ・クリスティ《キリストの涙》のスープを」。それは奇異に感じられた——それはまるで最後の晩餐のようであった——彼は「キリストの涙」を要求したのである。それから彼女は私に、短いまどろみのなかで彼女の見た夢を語ってくれた。「私はフレーベルを腕に抱き、私を人々のなかでひとり置き去りにすることのないよう彼にお願いしました。──それ以上抱えることができなくなり、私は再び彼を下ろして座らせました。そこは緑色の草原でした。それを見て彼は喜びました」（マリーエンタールの彼の住まいの前にはそのように緑色の一帯が周辺に広がっているのである）。

まさに今、彼は休息を得ようとしていた。戦い続けたこの闘士は、静かな平穏という緑色の草地の上で。──忠実な妻は、事態がますます深刻になっていくこの瞬間に、こう記している。「近づいてくる別離のために私の心がどれほど辛く痛んでいることでしょう。この高貴な夫に休息が与えられるべきことは、十分に理解しています。彼は誠実に活動を続け、長年にわたって戦ってきました。そして体力が衰え、外部からの要求がますます激しさを増してきた近年では、それはどれほどの苦労を伴ったことでしょう。そのような戦いのなかで、彼の誠実な心は打ち砕かれたにちがいありません。しかし、神よ、これからは一体どうなるのでしょうか？──理念はこれからもずっと代弁され続けなければなりません。私たちはどこで力を得るのでしょうか？　しかしきっと、あなたが私たちを見捨てることはないでしょう。たしかに私は落ち着いています。しかしそれでもなお、私の心が感じ、また耐えねばならない痛みがどれほどかを推し量ることはできません。私の心は苦痛に満ちて引き裂かれることでしょう。けれども、私に課せられた課題を、そして高貴な夫が昨日も私に見せてくれた表象を、しっかりと瞼に焼きつけ、神の後見のもとで、活動に必要な力を獲得するならば、私をより高め力づけるために最も深い苦悩を役立てることもできるでしょう。——高貴な夫の臨終の床のそばで、私はあなたに、神に、そして父に誓います。あなたの保護のもとに始められた彼の活動を、愛情をもってこれからも推し進めていくことを。純真なる神よ、あなたにお願いします、この高貴な老翁の精神を、衰弱した身体という窮屈な枷から解き放ってください。彼をあなたの国へと導いてください。そして彼に先立ってこの世を去っていった友人たちとともに、新しい生のなかで彼を活動させてください。ああ、彼に勝利と安息を与えてください！　彼の表情のなかにはなお別離の痛みが読み取れます。この痛みを乗り越え安寧へと達するよう、彼を助けてください」。——

同じ日の午後、六月二一日。その瞬間が近づいてきた。三時を過ぎると彼の顔に汗が浮かび始めた。それまで再び安息を得るためにほとんど閉じられていた彼の瞳は、心持ち開いたままとなった。彼は、あたかも自らの望み——いつかは腰を下ろして最後の休息を得たい、という望み——を自分でかなえているかのように、ほとんど座った姿勢をとっていた。呼吸は次第に短く細くなっていった。そして、二度ほど長い息をした後で、六時三〇分ころ――彼は最後の息を引き取った。

そこに居合わせた者たち、誠実な妻、愛情溢れる下女、そして私は、無意識のうちに跪いていた。なぜなら、自分たちの身近に聖なるものの気配を感じたからである。また私にとって、死に対するあらゆる恐怖がこれほどまでに消え失せていたことはなかった。まるで、無邪気で愛らしい子どもが眠り込むのを見ているかのようであった。自然は戦いながらその最後の努力を振りしぼり、そして一点の曇りもなく静止したのである。精神は、あたかも子どもが我が家へと帰っていくかのように、最後の最後まで澄みきって、統一されて、穏やかに、愛情をもって、感謝に満ちてその純粋な源泉へと戻っていった。あらゆる方面に向けて整えられ、自己の内部および外部で統一され、充足された生――その生が閉じられたのであった。彼が非常に気に入り、それゆえ気分のすぐれる夕方にはたびたび見ていたもの、鮮やかな夕暮れ。今や彼自らがその人生の夕暮れを迎えていた。澄んだ太陽が私たちのなかから消え落ちていくように、彼の存在の灯は私たちのなかから消え去った。私は普段から、日没を眺める時、それを消滅と捉えるのではなく、太陽が単に背後に隠れていくことと考えていた。そこにすでに、再び私たちのために回帰してくる運動を認めていた。それと同じように、ここでもまた、傷心のなかにも人生の確実さと永遠とを感じ取っていた。「もはや、死もなく、叫びもない」〈黙示録、二一・四〉という約束は真実となるのである。彼がしばしばもの思いに沈みながら新たな考えという光明のなかに分け入っていったように、精神もまた、すべてのものを解き放ちながら、そしてその最内奥、その統一された存在と生のなかへと沈潜しつつ、新しい存在を、翌日の光を求めて奮闘したのである。

ああ、今やどれほどの静寂、どれほど深い静寂が訪れていることであろうか。――荘厳さと神聖さが私を包んでいた。苦痛のただなかで私は喜びを感じていた！　自然に寄り添って立っていた彼、自然を見つめ、観察し、研究したのみならず、この上なく純粋な愛に包まれて母なる自然の懐に抱かれていた彼、自然の教えに従っていた彼、自然の法則、自然の聖なる言葉を疑うことなく信頼していた彼――彼は自らの希望について迷うことはなかったし、自らを欺くこともなかった。ああ、自然が彼の愛にどれほど報いたことであろうか！　彼は取り乱すこともなく、子羊のように病に沈んでいった。彼が痛みの声を漏らすことはほとんどなかった。不平や不機嫌な声が聞かれることは一度たりともなかった。彼が自然の唯一の忠実な息子であったとすれば――自然は彼にとって、慈しみながら優しくその腕に彼を抱いてくれる唯一の忠実な母親であった。

しかしながら、自然が何物であるかをもしも彼がはっきりと知らなかったならば、あるいはまた自然に生命を与え、自然を貫き、自然を導き、その法則を書き記すものが誰であるかを、そしてこれらすべてを統一ある秩序のうちにまとめ、それについての意識を人間の精神のなかに意識的に燃え立たせるのが誰であるかを、もしも彼が知らなかったならば、いかにして彼はそれほどまでに自然を信頼することができたであろうか？　また彼がこの統一者の息子であるという自覚をもっていなかったならば、さらに彼が、ひとりの息子としてこの統一者に気づかず、息子として、父とともに自らのうちで全き統一を生き抜いていく最初の人間を知ることも、認めることもなく、また彼のあらゆる努力のなかでそれを感じることもなかったならば、いかにして彼はそれほどまでに冷静でいることができたであろうか？　さらにまた、この個人の持つ息子としての意識は、次第にすべての人間のなかに芽生えていき、それゆえ精神の意識的な統一と神聖化——それを唯一の目標に掲げて彼は生き、戦ってきたのである——がいつの日か必ず現れてくるのだ、という根本的な意識を彼が持っていなかったならば、いかにして彼はそれほどまでに朗らかでいることができたであろうか？　それゆえ、友人に向けて発した彼の最後の言葉も祈りの言葉であったし、それによって彼は現世での活動を締めくくったのである。「父なる神よ、息子よ、聖霊よ、アーメン」。——

しかしまた私の心も、与えられた恩寵に対する感謝——それを告白しないでいるわけにはいくまい——に満ち溢れていた。父が亡くなった時に私が託けられ、まるで父のように私を胸に抱いてくれた人物の瞼を手で閉じるという最後の奉仕が、私には叶ったのである。そしてまた生涯を通じて長く付き添った人物、ともに戦い、ひとつの目標を目指し、困難な運命を耐え抜いた人物のそばに、今また彼の最後の戦いと新たな旅立ちに際しても、私が居合わせられることに対し、私の心がどれほどの感謝で溢れていたことであろうか。しかしまたとりわけ、この生の終わりをあるがままに見、また私が耳にし信じていた事柄——彼がその内面において完全に統一されているという事実——を目の当たりにできたことで、私の精神はどれほどの感謝に満ちていたことであろうか。というのも、最後の瞬間まで、調和のなかから生じてくるこの落ち着き、この明澄さ、この真理と統一性がはっきりと表れていたからである。彼が言い表していたとおりに——「人はその生を果実の成熟に向けて、自らの内で完成させなければならない」——彼の生命は熟した果実のように静かに生という木から落ちていったのである。彼の語っていたこと——「成熟の年齢が訪れる」——も現実となりうるし、またそうなっていくのである。

それゆえに彼はオレンジの木をとても好んだのである。彼はその木に、はっきりと人間の発達段階を見ていたのである。しかし次のように言おうとしていた時、彼はとりわけ、その木に見られる生の一時点を示していた。「光と香りを放つ花は枯れ果ててしまっている。しかしごらんなさい。そのなかから果実が生まれている。それは今から成熟を目指して実っていくのである。三つのものがひとつにまとまっているのを見なさい。過去との密接な関係、現在の不断の進歩、そして未来の芽生えが」。

埋葬式

「空は曇っています。あれほどまでに愛しい友を失ったので、まるで自然も悲しみにくれているようです」と年若い女子生徒のひとりが記している。「この日、六月二四日の朝、太陽は灰色の雲の後ろに隠れました。その雲は雨を降らせ、ようやくその大変な重みから解放されたところでした。花や木々は、あたかも額を寄せあって囁くかのように、互いにその頭を垂れていました。ああ、それにしても彼がもう一度私たちのそばにいてくれたら！　小鳥たちはその可愛らしいさえずりをやめて黙りこみ、悲しげな目で巣のなかから外を見ていました。蜜蜂の威勢よく飛び回る音を聞いた人は誰もいませんでした。自然のなかにただ悲しみだけが遍く広がっていました。——私たちの心のなかも同じでした。唯一の喜びといえば、それは天福に与った人に対し、私たちの愛情と感謝の証をもう一度示すことができたことです。生前、私たちが花や葉や小さな動物や石などを彼のもとに持っていくと、彼はとても優しく微笑みました。そこで私たちは、彼が最後に休んだ床を同じように花で美しく飾ることに決めました。そして彼が精神に包まれて天上から私たちを見下ろすのを見たのです。朝、私たちは最初に月桂樹の若枝で冠を編みました。それはいわば、人生の苦しい戦いのなかに彼が留まり続けたことへのお返しでした。それから、彼はドイツのオークをとても気に入っていたので、薔薇の花を混ぜたオークの冠を三つ、同じようにオークの葉を使った長い花環を二つ編みました。悲しみの底にあるフレーベル夫人もまた、辛さに堪えつつ、薔薇、ジャスミン、なでしこ、細い草、そして薔薇の葉を使って大きな花環を二つ編み上げました。その死後も高貴な夫を敬いながら飾りつけてあげようとする愛情の衝動に抗することはできなかったのです。こうしてすべての準備が整った午後二時、それまで彼の床が設けてあった場所を今や占めている棺の蓋を閉じるために、指物師がやって来ました」。

すべての人が集まってきた。愛しい友人をもう一度見るために、そしてその高貴な顔だちを忘れがたい印象にとどめるために。ああ、その狭い宿りのなかでどれほど彼は安らぎを感じていたことか。その棺はオークの木のように輝いていたが、内側は純白でほのかに光っていた。彼は汚れのない子どものように白い衣裳に身を包まれていた。花壇や草地や薮のなかの花で作られたより細い花環が、彼の周りを取り囲んでいた。それらは彼が好んで観察していた花であった。彼の胸の上には、ある幼稚園の女性保育者が編んだ銀梅花の冠が載せられていた。彼女のすべての感謝と子どもたちの愛とを彼に同伴させようとしているかのようであった。この深みのある美しい光景から目をそらすことはできなかった。以前の黄色から今や再び白色になったその顔からは、苦痛の跡は消えていた。聖なる真摯さが彼の上で穏やかに安らいでいた。けれどもそこには、内なる心の朗らかさがうかがえた。それはまるで、幸福な微笑を浮かべながら自省する人のようであった。顔つきは例えようのない優しさを表していた。唇はわずかに開いていた。まるでその口がなおも秘密をほのめかそうとしているかのように。「此岸の薄明かりのなかでぼんやり見えたことが、彼岸でははっきりと見えます。真理を信じ、真理に従いなさい。真理は自由へ、そして至福へと通じているのです」と。

私はもう一度彼の足元に立った。そばには彼の妻が立ち、さらに他の人々がそれを取り巻いていた。その顔に向かい合っていられるのは、感動的なことである。心は祈りとなる。私たちは跪いた。この上もなく悲しい思い出と奥底にある願望が心に浮かんでくる。その一部は後になって私に伝えられることになった。——「それは私にとって痛恨の瞬間でした」と、ある若い女性は書いている。「父の亡きがらのそばに立ち、耐えがたい辛さに身を任せたあの時のことが、はっきりと思い出されたのです。——故人の顔に浮かんでいるこの世のものとは思われない安寧は、とても素晴らしい印象を与え、そして次のような考えが不意に浮かんできました。ああ、すべての人が彼のような死を迎えることができればいいのに、そしてそのような良心をもって墓のなかに安らぐことができればいいのに、と」。私にとってエリーザの願いは心からのものであるように思われた。それは友人のエリアスが亡くなるのを彼が見届けた時と同じようであった。——ああ、私たちが亡くなった聖人のように注意深く耳を傾け、神の指が指し示す軌道から右にも左にもそれないよう、彼が私たちを祝福し守ってくれますように。

それから棺の蓋が覆われ、固定された。その上部は飾り縁で囲まれ、その上には三つの花環が置かれた。中央には、ある信奉者から贈られた月桂冠が置かれているのが誰の目にもすぐに見て取れた。その上と下にはオークで作った冠が置かれていた。それは彼がその人生の支えとした二つの柱、すなわちドイツへの忠誠と神への信頼を思い出させるものであった。

続いて各部屋のドアの扉がすべて開け放たれ、棺が持ち上げられ、運び出された。最初に彼の部屋を抜け、彼の仕事部屋を通された。そこは彼が、根気強い勤勉さをもって、近くの、そして遠くの人々のために、大抵は力の許す限り、内からこみ上げる生き生きした理念と人類への包み込むような愛情の衝動に動かされて、夜半過ぎまで働き続けた場所であった。次に棺は彼が気にいっていた花のそばを運ばれた。それは彼自らが細心の注意を払いながら念入りに育てたものであり、それを純粋に疑うことなく観察することによって最高の真理を示してくれたことへの感謝のしるしとして、子どもたちや彼のかけがえのない預かり子たちが彼に贈ったものであった。それから居間を通された。そこの壁に掛けてある絵のなかでは、彼と子どもたちの友人である気高いスイス人が目に涙を浮かべて追悼の言葉をかけているように見えた。ああ、この上なくゆっくりと、まさに一歩一歩、純粋な人間性の聖堂へと至る確実な階段が敷かれていくのですね、と。その聖堂では、神のような母親が心からの感謝のうちに彼を見つめていた。それは、彼が彼女の心からの願いを深く細やかに読み取り、またそれを分かりやすく愛情に満ちて示しながら、彼女の姉妹たちに説明し、行動と生に向けてその間を取り持ったことに対する感謝であった。最後に棺は広い中央の部屋のなかを運ばれていった。そこは、女子生徒たちが彼の言葉や説明に喜んで耳を傾け、自分たちの崇高な召命に向けて心を感激に燃え立たせたところであった。そしてまたそこは、面識のない人々でさえ南からも北からも押し寄せ、有機的に展開されていく彼の遊具や作業道具の魔力によって否応なく真理の承認へと導かれた場所でもあった。そして人々はそこを離れ、「彼は律法学者のように説教をするわけではない。しかし彼の話は力強い」〈マタイ、七・二九参照〉という感情を抱きながら、ここで彼らを上から照らしていた彼のモットー──「さあ、私たちの子どもらに生きようではないか！」──を、あたかも風が種子を運んでいくように自然に、感激のうちに広めていったのである。両側に分かれた後で再びひとつに集まる階段は、そこからは広々とした廊下のほうへと下っていき、その中央に、この飾りつけられた棺は置かれた。──そしてオークの葉で弓形に編まれた大きな花環がひとつ、棺の蓋の両側のせりあがっている部分にかかるようにして伸ばされ、もうひとつの花環は棺の下の部分を取り巻くように置かれ、それよりも小さい花環が蓋と棺とが組みあわさる真ん中のところにフレーベル夫人の手によって巻きつけられた。──しかしこれらの飾りだけで十分だと考えられているわけではなかった。花や冠を手にした子どもたちが大勢やって来た。それらを置くためにさらに場所が設けられねばならなかった。けれどもすぐに場所はなくなった。そのため冠は互いに重ね合わせて置かれることになった。子どもたちは皆、最年少の者でさえも、その愛情と感謝の気持ちをもう一度彼に示そうとしていたのであった。

けれどもやって来たのは子どもたちばかりではなかった。友人、知人、尊敬と敬慕の念に引かれて近くから寄り集まってきた見知らぬ人々、近郊に住むほとんどすべての教師、さらに遠方から駆けつけた幼稚園の女性保育者や親しかった人々――これらの人々は、この重大な日に、彼らの心に誘われてやって来たのであった。

廊下では、いつもならば子どもたちが愛情に満ちて照らし出す彼のまなざしに心を動かされながら導かれ、歓喜に包まれて遊び、しばしばそのなかの誰かが仲間の輪の中央に立っていた。けれども今日はその中心に、別の人物が据えられていた。そして喜びに輝く瞳を持った子どもたちの代わりに、深刻で沈痛なまなざしの人々、感謝と愛情の気持ちを抱いて急いで駆けつけた教師たちが、彼を取り囲んで立っていた。そして今や男性の口から心を打つような音調で厳粛に歌が歌われ始めた。

愛情の腕のなかに安らかに眠っている。
大地の懐のなかに安らかに眠っている。
この世とあの世、いずれに休むべきか。

どこで私は安らぎを見出すのか。
私の精神はそれを求め、思い、考える。
その精神は、安らぎをもたらす宿命に祈る。
愛情の腕のなかに安らかに眠っている。
大地の懐のなかに安らかに眠っている。

　大地の懐のなかに安らかに眠っている。
妨げられることなく、静かに。
なお心は憂いに沈む。
何ものにも妨げられることはない。
人は心地よく眠る、人は快く眠る。
彼岸の天国のなかに。
愛情の腕のなかに安らかに眠っている。
大地の懐のなかに安らかに眠っている。

歌の響きは深く真摯で、心を打つものであった。すべての人の心が動かされないはずはなかった。しかしなかでも、愛する人の亡きがらと別れねばならない辛さに堪えていた妻は、その歌によって圧倒されてしまい、埋葬へ向かう列に加わることができなくなった。そのため、彼女にとってはそれがいわば「棺を地下に降ろす」最後の別れの時となった。

夕方五時頃、葬列はマリーエンタールから一五分ほど離れたシュヴァイナにある墓地へと向かい始めた。棺は緑色のモミの木の粗朶で飾られた車に乗せられた。その後ろに大勢の参列者たちが並んだ。まず先頭に牧師と教会の合唱指揮者、続いて近親者、親戚縁者と故人の教えていた女子生徒たち、次いで参列した友人、近郊あるいは遠方からやって来た教師、さらに続いて一般の人々が列をなしていた。

葬列はゆっくりと進み始めた。今やすべてがいつもとどれほど異なっていたことであろうか！　いつもであれば、この高貴な子どもの友人は、生の喜びに包まれながら配慮に満ちた遊戯に感動した子どもたちの一団が、歌を歌いながら帰っていくのに同行し、今日と同じ大きな動きの先頭に立って歩いていったのである。けれども今では彼は、たしかに先頭を行きはしているものの、その声は聞かれず、その姿も見えなかった。そして後に従う人々も黙したまま、彼の文字どおり最後の帰路に同伴していた。――朝の間は曇っていたが、午後には所々に青い空が見え、明るい太陽も顔を見せた。けれどもそれはすぐにも崩れそうな気配であった。そして、ごらんなさい。雲はますます速く集まっていき、すでに雷鳴の轟きさえも聞かれた。シュヴァイナに着くやいなや、大粒の雨が落ちてきた。厚い雲のなかから私たちの方へ稲妻が走り、間もなく激しい雨が降り始めた。葬列は止まり、同行している人々はものかげに入らなければならなかった。牧師は次のように述べている。「彼の最後の歩みもまた嵐と雷雨のなかを抜けていくのです」。

雨が弱まると、列は再び動き始めた。洞穴から流れ出ている小川にかかる橋にさしかかった時、エルンスト・ルター氏――フレーベルは幼な子の教育のためにルターの生ける記念碑[28]を創設したのだが、彼もまたそのような幼な子のうちのひとりであった――が言った。「三五年前の今日、彼はここで私の手を取りシュヴァイナを案内してくれました」。目前の教会からは鐘が鳴り始めた。その音は深く美しかった。その音は、今や多くの戦いの果てに志を同じくする者たちの国へ喜びのうちに到着したことを彼に祝福しているようでもあり、ますます力強くなっていく彼の声と一緒に呼びかけているようでもあった。夜は明けた、さあ起きよう、そして急ごう、子どもたちのなかに新しい世界を創り、困難に打ち勝ちながら前進している彼の旗の下に従おう、と。

教会のそばを曲がり、緩やかな上り坂となっていた、短い、美しくならされた道を過ぎると、静かに葬列は止まった。そこが墓地の入口だった。

ここで棺は台車から降ろされた。それを運ぶことを請い求めていた教師たちが、溢れるほどの愛情で飾られ、指導者のヴェールをそのなかに納めた棺を、人々の間に降ろし、幅広い真っすぐの道の上を運んでいった。その道は霊園の下のほうを通って延びており、それから反対側に通じていた。その右側の、沢山に連なる墓標のちょうど中央に、彼のために準備された場所はあった。墓地は村落から外れたところに新しく設けられたもので、村落よりも少し緩やかな高台にあり、言わば、かけがえのない唯一の見事な場所を占めている。その地所は、天を指し示す指のような塔だけがそこから上に伸びているが、足元のほうでは村は半分隠れており、まるで澄んだ生の絵画を広げたような素敵な地帯の全体を眺望できる位置にある。左手にはア、ル、テ、ン、シ、ュ、タ、イ、ンの山々が聳えている。そこには、侯爵の家族が夏を過ごす別荘があった。彼らはその高貴な恩恵をもって、その気高い手を保護と養育のために植物の上に広げていた。それは、最も早くキリスト教を伝えた聖ボニファティウスを記念してここに掲げられている十字架を、彼らが行動によって敬っていることを示していた。畏敬の念を起こさせるような城のすぐ前にはリ、ー、ベ、ン、シ、ュ、タ、イ、ンが位置している。その名前は、心と身体に効用のあるその療養泉のおかげで、当然ながら近くでも遠くでも良い評判を得ている。そして何といっても、その右手には、天に向かって伸びるポプラの影になり、緑の草地と播種の終わったなだらかな耕地とで覆われ、アルテンシュタインの岩山から流れ出てくる澄んだ河川の音がざわめいている場所――静かで魅惑的なマリーエンタールがある。そこは、今ここに休息と妨げられることのない統一へとたどり着いた人物にとって、生の合一と気高さを目指した安寧の場所、倦むことのない活動の場所であった。

雷鳴やなお降り続ける雨にも関わらず、教区の人々の大部分が集まり、父親、母親、若い男女、そして数多くの子どもたちは、口の開いた墓穴を囲んで立った。そして教区の人々と集まったすべての人々は、心に響きわたる調子で古い厳かな葬送歌を歌い始めた。

　エルサレムよ！　高貴な街よ。
神よ、あなたのもとへ行かせたまえ！
私の切なる心は強く求め、
もはや私のなかには存在しない。
山谷を越えてはるか遠くに、原野を越えてはるか遠くに、心はすべてを飛び越え、急ぎこの世界から外に出る。
　栄誉の城よ！　私からの挨拶を贈ろう。
慈悲の扉を開けたまえ。
神よ、どれだけ長くあなたを求めたことか。
あの苛酷な生、あの空しさを、
私が抜け去ってくる間に。
そして神は私に永遠を与えられた。

それから牧師であるリュッケルト博士が墓穴のほうに一歩歩み出て、説教を始めた。すると、ごらんなさい。彼の言葉の泉が流れ出すにつれ、雨が止んでいったのである。

「高貴な神の街を目指して、その人物の精神は舞い上がっていきました。私たちは悲しみにくれながら、その後を見送っています。その精神は、遠く山や谷を越え、遠く平らな原野を越え、すべてを飛び越えて、急いでこの世界から外に出ていくのです。ある人からは愛され、尊敬され、感嘆され、賞賛され、別の人からは誤解され、誤認され、中傷され、非難され、その精神はすべてを飛び越えて、急いでこの世界から外に出ていくのです。七〇年もの間、頑丈な器として世にも稀なこの精神に仕えてきた身体は、この長く、豊かで、活動的な、注目すべき生の最後の火花が次第に消えていった今では、ここに、私たちの教区の墓地に、休まなければなりません。私たちの教区は誇りをもってこの偉大な人物をその市民のひとりに数え入れました。そしてこの墓地は、少し前まで彼がまだ力強く歩いて回ったこの山々に、私たちとともに彼がなお信心深く聖霊降臨祭を祝ったこの教会に、そしてマリーエンタールに――そこでは、その人生の夕暮れ時にあたって、この畏敬の念を起こさせる老翁が、私たちの君主の恩恵のおかげで、人間に対する親しみのこもった彼の活動のための穏やかで自由な場を見出すことができたのです――面しています。つまり、この場所に、長い人生の旅路と仕事に疲れきったこの身体は休まねばならないのです。「今から後、主にあって死ぬ死人はさいわいである。聖霊もいう、しかり、彼らはその労苦を解かれて休み、そのわざは彼らについていく」〈黙示録、一四・一三〉。

この主キリストのなかで亡くなっていく死者たちは幸せだと、聖霊は語っています。聖霊は同じことを私たちの死者についても語るのでしょうか。もちろんそうです。私の精神がそれを語るのではありません。聖職者としての私がそれを語っているのではありません。たしかに私は証言することができます。この棺に納められているあの姿がしばしば教会で見られたこと、今では冷たくなったその手が祈りの時間には組まれていたこと、今ではもの言わぬその口が主キリストの食卓で食べ、飲み、十字架に掛けられた彼の主であり師である人物への信仰を語っていたことを。しかしながら、この上べだけ、口先だけの告白が何を証明するでしょうか。これについては主キリスト自身が述べています。「わたしにむかって『主よ、主よ』と言う者が、みな天国にはいるのではなく、ただ、天にいますわが父の御旨を行う者だけが、はいるのである」〈マタイ、七・二一〉。お分かりでしょうか、聖職者や牧師は、人を地獄に落とす権利も、至福の言葉を語る権利も、ともに持ってはいないのです。けれどもその聖霊は私に告げています。その聖霊はあなたがたの心のなかにも語りかけているのだ、と。そしてまた、故人があなたがたのなかに生きていた時に、彼を知り、敬い、愛していたあなたがたの心もまた、大きな声で証言することになるのだ、と。そうです、これが主キリストのなかの死者なのです。彼は主キリストに生きました。それゆえ彼はまた確実に主キリストのなかで穏やかに、そして幸せに死んでいったのです。今ここに完成された生に、私たちの目を向けましょう。

　あの逞しい、霊感を授かった洗礼者ヨハネ――今日は彼の記念日でもあります――と同じように、亡くなった私たちの友人も、テューリンゲンの森、オーバーヴァイスバッハの高地の山中に住む聖職者の息子でした。それゆえ彼は父から敬虔な心を遺産として受け継ぎ、それを死に至るまで失いませんでした。けれども、自分の信心の深さを不遜にも自分で測ろうとする人がそうするように、彼がその心を他人に見せつけるということはなく、彼の豊かな心情という聖域の奥深くにしまっていました。山地の真の息子として、彼は崇高さと自由と真理に対する心からの熱中——その熱中によって自由が与えられたのです——、創造の美しさと壮大さへと開かれた感覚、暖かい人間愛と誠実な友情へと開かれた心を備えていました。青年の勇気と衝動は、野や森に作物を作り植物を育てること、農業と林業、それから人間の住まいを建立し構築すること、建築学、さらには優秀な青少年時代の肖像、フランクフルト・アム・マインのグルーナー氏のもとへと向かい、ついに彼の真の召命を認識させ、それに向けて彼を運命づけていきました。すなわち、人間の子どもという最も高貴な植物を育み養い、この世に天国を創り上げるのを手助けすることがその召命でした。そのため、スイスの山地や湖畔にあって、彼はペスタロッチーの精神の相続者、この上ない天分と行動力とを備えたその継承者となったのです。彼は、その自然科学についての博識ゆえに、ベルリンのドイツ王立科学アカデミーの名誉ある地位を得ることさえできました。けれども自然科学の分野での名声は、彼の望むところではありませんでした。人類と国民に向けられた燃えさかる愛情は、彼に休息と休養を与えませんでした。故国のためにその生をドイツ国民の自由を求める戦いのなかに投じた後で、それと変わらぬ熱意——その熱意は、最高の思想のためにはすべてを投げうち、犠牲にするほどのものでした——を持って、彼は国民および青年の教育という目標に向かい、故郷を思わせる山地のなかにあるカイルハウに高名な教育施設を創設し、そこで人間の心という領野を開墾し、植物を育てたのです。どれほど多くの立派な人物をそこで彼は教育したことでしょう。そして彼らがどれほど彼の思い出を讃え、彼の名を祝福していることでしょう。そして、志を同じくする有能な人々との親密な協力のうちに、教育制度に関わるその事業をスイスにまで広げた時、次のような壮大な考えが彼に生まれたのでした。それはまず、人間を彫琢しようとする者は、自然のなかの創造的、教育的神性に似せて作品を創り上げねばならない、という考えです。神性は未来の植物の素地をすでに最も小さい蕾のなかに予め作り出し、賦与し、その蕾を入念に守り、保護し、最も小さいもの、最も単純なものから徐々に段階をおって最高のもの、素晴らしいものを発達させていくのです。続いて、幼児の身体と心は、すでに最も早い時期から、より理解と念のこもった養育——子どもたちが、心や身体を程度の差はあれ台無しにされながら学校へ送られているところで、これまでにすでに施されてきたものよりも、より理解と念のこもった養育——が施されねばならず、さらに、この愛情に満ちた養育は、とりわけ女性の細やかな手に委ねられねばならない、という考えが浮かびました。その手は天上の父がこの母親の召命のために創り出したもので、そのような幼稚園を設立し、そのような女性保育者を養成することが、彼の新しい努力のすべてとなりました。それによって彼は将来の人間の至福と、人間を苛むさまざまな身体的、精神的な苦痛からの救済を、十分な確信をもって希望したのです。それはちょうど高齢のシメオンのようでした。なぜならシメオンは幼児イエス――その姿のなかに世界の至福が見て取られたのです――を腕のなかに抱きながら、喜びをもって次のように叫んでいたからです。「主よ、今こそ、あなたはみ言葉のとおりにこのしもべを安らかに去らせてくださいます、わたしの目が今あなたの救いを見たのですから。この救いはあなたが万民のまえにお備えになったものです」〈ルカ、二・二九―三二〉と。この気高い目標のために、彼は今や持てる限りの力と才能と時間と休息を犠牲にしたのです。そしてそれゆえ、永遠の英知の神意により、以前の長い結婚生活においても、自らの子どもを持つことは彼には叶いませんでした。それは、自身の子どもの養育のために彼が拘束され制限されることのないようにするためであり、また最も貧しい子どものなかにも神の子の姿を見出し、愛し、すべての子どもの瞳のなかに次のような要求を読み取るためです。「あなたは、神の似姿が消し去られたり歪められたりすることを、全力で防がなければなりません。そしてあなたは、その似姿が保持され、より純粋に、より美しく形づくられていくように、そしてこの小さき者が決してその似姿を見失うことのないように、すべての天分を用いて活動し手助けしなければなりません！」　今やそれに向けて彼は活動しました。教導しつつ、人の心に訴えつつ、もう亡くなっていたため直接教えを請うことのできなかった主キリストに従いつつ、安住することなく各地を巡ったのです。さらに、子どもたちを自分の周囲に集め、彼らの頭に手を乗せながら次のように語った主に従いつつ――「幼な子らを私の所に来るままにしておきなさい。神の国はこのような者の国である！」〈マルコ、一〇・一四〉今やそれに向けて彼は、太陽が輝き続ける限り、その人生の夕暮れまで活動しました。それゆえ、この畏敬の念を起こさせるほどの老翁は、遊んでいる子どもたちのなかでは自らも若返って子どもに戻るのでした。「心をいれかえて幼な子のようにならなければ、天国にはいることはできないであろう」〈マタイ、一八・三〉という言葉を心に刻みながら。それに向けて彼は生き、苦しみ、ホサナの声〈マルコ、一一・九、一〇参照〉や「十字架につけよ」という声〈マルコ、一五・一三参照〉を気にかけることなく、辛抱強く十字架を背負い、それを彼の主へ送り届け、誹謗、冒涜、迫害を悠然と自らに引き受け、自分の行状の意味を理解しない目の眩んだ者をキリストの名において許したのです。なぜなら彼は「弟子はその師以上のものではない」〈マタイ、一〇・二四〉ことを十分に理解していたからです。それにも関わらず、この戦いを通して彼にもたらされた精神的な興奮と緊張は、この壮健な老翁の生の力を奪い取る結果となってしまったのです。

私たちは、故人を知っているのと同じように、その妻も知っています。彼女は彼によって教育され、一年前に短い婚姻の絆を結び、その高齢を世話するため、そして彼の瞳を閉じるために、彼にその手を差し延べたのでした。また私たちは、若者として彼の側に立って戦い、成人として忠実に彼の味方につき、老年として彼のために戦った青少年の友人を知っており、彼の生涯という太陽が傾いた時、その花環で彼を包み込んだ少女たちを知っています。そしてまた、彼はその晩年を私たちのなかで送ったのですが、その私たちは、その心とその純粋で偽りのない子どものような心情を知り、愛することを学びました。あなたがたは皆、たとえ彼の最後の敬虔な言葉を聞いていないとしても、証言することになるでしょう。そうです、ここで私たちの前に横たわっている死者は、主に召された死者に違いありません、と。彼は主のなかで死んだに違いありません。なぜなら、私たちが目にしたとおり、彼は主に生きたからです。そうです。聖霊は大きな声で彼について語っています。「彼らはその労苦を解かれて休むであろう」〈黙示録、一四・一三〉と。これから先は――無理解や誤解があなたを悩ませることはもはやないでしょう。――正しい人たちの魂は神の手のなかにあり、苦悩がそれを襲うことはありません。迫害者は墓標の前でその歩みを止めなければなりません。「かしこでは悪人も、あばれることをやめ、うみ疲れた者も、休みを得、捕われ人も共に安らかにおり、追い使う者の声を聞かない」(ヨブ記、第三章、第一七、一八節)。かしこではまた、あなたも平穏を見出し、今やその神々しい住人とともにあなたを包み込んでいます。あなたは地上の谷間にいる愛しい子どもたちのなかにそれを予感したのです。その住人の似姿が私たちの無邪気な子どもたちなのであり、またそれは、地上のどんな苦しみも混ざり込むことのない純粋な喜びであなたを元気づけるのです。

そうです、主のなかで亡くなったそのような死者たちについて、神が私たちに与えたしるしである聖霊、そして神の声である聖霊は語り、あなたがたの心は証言するのです。死者たちはその労苦から解放され、休息を得、そのわざが彼らに続くのである、と。地上の財宝はそこへは続いていきません。そして永眠した私たちの同胞もそれを望んではいませんでした。――しかしあなたのわざはあなたに続いていきます。あなたの努力の果実をあなたはそこで味わうことができ、あなたが地上に創り上げた精神の花開く場所を、至福の精神の持ち主が集まる場所から歓喜とともに見下ろすことができるでしょう。そして、ここでもあなたのわざが崩れ去ることはないでしょう。利己心や野心なく、神と人間への純粋な愛によって引き起こされたこのわざは、神の名のもとに創り上げられたものであり、崩壊することはありえないのです。たとえあなたが今休息を得ているとしても、あなたの仕事は受け継がれていくでしょう。他の人も、たとえ今はまだ誰も見ることができないとしても、やがて立ち上がり、あなたの仕事を引き継ぐでしょう。迫害を加えていたパウロに向かって、啓示の光のなかで「サウロ、サウロ、なぜわたしを迫害するのか」〈使徒行伝、九・四〉と叫んだ主は、迫害者すらも信奉者へと変えることができるのです。たとえあなた自身がこの世ではもはや活動していないとしても、あなたが播いた種子はすでに至る所で素晴らしい果実をつけており、あなたの精神──それを長年にわたって担ってきた器を今私たちは埋葬するのです──はなお生きて活動を続けるのです。その果実は静かに成熟していき、人類の幸福のためにますます豊かな収穫をもたらしてくれるでしょう。「朽ちるもので播かれ、朽ちないものによみがえり、弱いもので播かれ、強いものによみがえり、卑しいもので播かれ、栄光あるものによみがえる」〈第一コリント、一五・四二〉。十分に活動した人生と不断の努力を終えた今こそ、安らかにお休みください。敬虔な心よ、あなたにとって墓穴の上に丸く広がる大地が軽いものでありますように。そして将来、兄弟のために激しく鼓動しているこの心の上に緑の苔や芝が生え、花が咲いた時には、そしてまた将来、あなたがともに遊んだ子どもたちが墓場に手が届くほどの老翁になった時には、後世の人々がさらにこの親しみ溢れる墓園へ巡礼し、それに冠を載せ、ここで多くの高貴な人々に思いを馳せながら立ち尽くし、感謝と祝福のうちにあなたのことを思い出すでしょう。はるかに先の未来に向けて、希望のうちに活動しながら。彼の希望は失われてはいなかったのです。――彼のわざは彼に続いていくのです！」

それから教師たちの合唱が彼のために安息の歌を歌い始めた。

安らかに葬られて眠れ、苦痛に弱められたあなたよ。
墓は心労のすべてを取り去る。
最後のまなざしを伏せながら、
あなたを思い出しながら、私たちはそばで立ち尽くす。
あなたを花で飾ろう。

肉体は大地に還る！　私たちの友の信仰は、
私たちの心をも高める。

私たちは涙にくれながらここで別れる。
けれども、何度も訪れては考える、
喜ばしい再会のことを。

歌が歌われている間に棺が墓穴のなかに降ろされ、続いて四方から花が投げ入れられた。天空はその曇ったカーテンを取り去り、太陽が明るいまなざしとともに青い空から実り豊かな大地の上に輝いていた。人間の手で生じていることも、天の意志で生じたことも、すべては意味深く、私のなかに生き生きと引き起こされ、そこに集まっていた。それゆえ私は、口を開いた墓穴のほうへ、目前の花で覆われた棺のほうへ、終わったばかりの、心のなかではなお暖かい豊かな内容の講話のほうへ近づいていき、言葉をかけた。

「もしあなたの耳が閉ざされておらず、あなたの口も声を出さなくなっていなければ、今あなたの唇は開かれ、あなたが耳にしたことについて歓声を上げることでしょうに。あなたが確信を持っていらっしゃったことが、もう間もなく現実のものとなるのです。ある小さな仲間たち、この仲間たちの輪のなかで認諾の道が切り開かれ、それは将来も続き、広がっていくのです。

そしてこの私たち皆の心のなかで何が語られているかを、またあなたのために彼らの胸がどれほど高鳴り、彼らの気持ちがどれほど高揚しているかを、言い表すことができればよいのですが。私は何らかの表現によって彼らの溢れんばかりの心情を軽くするべく、ただ彼らの名の下において言葉を述べているのです。敬愛するあなたよ、あなたが幾度となく彼らの心を感激の輝きで満たしてきたがゆえに、彼らはこの冷たい安息の場所を、彼らの胸から熱くこみ上げてくる愛情の吐息で暖めてあげたいと願っています。

雷雨があなたの埋葬式を邪魔したように見えるかもしれません。けれどもそうではありません。雷雨は式の意義を初めて意識させたのです。役に立ったことは間違いありません。それは感動的な話となるでしょう。先にある人の口から正しく語られたこと、「彼の最後の歩みもなお嵐と雷雨のなかを抜けていくのです」、これは何を言わんとしているのでしょう？　あなたは悪天候と進みにくい道程の助けを借りて、あなたが全生涯を通じて夜と嵐のなかでどのような歩みを続けてきたのか、そして私たちのためにどれほど困難な道を進んできたのかを、私たちに思い出させるのです。あなたはこの世でのその最後の歩みの時にも、決して忘れてはならない真実を私たちに嵐をして語らしめているのです。「あなたとともにあり、あなたに従おうとするものは誰でも、たとえ嵐や困難や苦難のなかでも、あなたに従う決意でいなければならない」、これがその真実です。そしてまた、あなたの人生が教えていることをも語らしめているのです。「戦いを経て勝利へ！」、これがその教えです。なぜならあなたは戦いのなかでも生命を賭ける勇気を持っていたのみならず、平時にもその生を幼稚園事業のために投入し続け、そのためにはすべてを喜んで捧げたからなのです。

同じように、嵐もまた式の役に立ち、あなたの生の告知者となっているに違いないのでしょうか。そうです、それは、雷鳴が轟き、稲妻が光っていたある夕暮れにあなたが語った最後の言葉――「私は嵐が好きです。私は嵐が好きです！――新しい生活です！　新しい生活です！」――を私たちにもう一度呼び覚ましているのです。まさにそのとおりです。それは、空の重くのしかかるようなもやを洗い流すことを、地上の王国の豊かな実りを、精気を取り戻し力づけられたすべての被造物の新しい生を、意味しているのです。大地を揺り動かすほどの雷鳴は、眠れる人や夢見心地の人の目を覚まし、緩慢な人や不精な人を駆りたてるのです。それと同じように、葬列の途中で厚くたれこめた雲のなかから私たちの前で閃いた稲妻は、私たちの心の蒼空のなかから突然夜の星のように現れ、あなたがそれを入念に認識し、注意し、養育しなさいと語っていたような、輝きに満ちた考えを思い出させるのです。この世をなお暗く包み込む夜も、多くの光によってすみずみまで引き裂かれ、照らし出されうるのだ、という考えを私たちに思い出させるのです。あなたの言葉が、そしてとりわけあなたの霊感を与えるような行為が、まるでその炎のように、暗く閉ざされた心のなかにどれほど差し込み、眠り込んでいた良心をどれほど呼び覚まし、包み隠されていた精神を自分自身にどれほど気づかせてくれたか――その稲妻はこのことを回想のなかで私たちに呼び起こしてくれます。どれほど多くの人々が今ここに来ていることでしょう。あるいはさらにやって来ることでしょう。その人たちにとっては、人類に対するあなたの愛情が彼らのために耐え忍び行ってきたことが、そしてまたあなたの存在が、あたかも稲妻のように彼らの内なる心のなかで燃え上がっているのです。人間としての尊厳を備えた存在という軌道の上にある者を案内していくために、ここで無数の年月を重ねながら、どれほどあなたが彼を導いてきたことか――今心のなかで燃えさかる感謝の気持ちとともにこのように考えている人のうち、ここで私に賛同してくれる人はひとりとしていないのでしょうか？　あなたがここに来ている男性や若者の精神のなかに、心を燃え上がらせ明るく照らす炬火を投げ入れ、彼らに新たな陶冶の道を開き、閃くような考えを実行に移すための力と手段とを創り上げたこと――彼らの多くはこのことを告白するのではないでしょうか？　どれほど多くの女性に対し、その意気消沈した存在の夜に、あなたはより良い希望という稲妻を照らし出し、危険に満ちた人生の寄せ波のなかにいる彼女たちにとも綱を投げ渡し、子どもの教育的養育という緑の浜辺に彼女たちを救い上げてきたことでしょう？あなたを見出し、あなたによって、あなたの光明と暖かさによって、尊厳に満ちた存在へと引き上げられたこと――それに対する感謝を涙に輝く瞳であなたに投げ返している多くの人々さえもまたここに立っているのではないでしょうか？

さらにまた、流れ落ちてくる雨もあなたの協力者となり、説話を通してあなたの思想を告げているに違いありません。なぜなら、それはまるで天が次のように言っているかのようではないでしょうか。ごらんなさい、ここに高貴な粒が大地のなかに落ちていきます。それが芽を出し豊かな果実をつけるほどにまで大きく成長していくように、私はそれらを露で濡らさなければなりません。そしてまたあなたがたは、彼自らがこの天の言葉にさらにこう付け加えているのを聞き取るでしょうか？「この雨に巻き込まれている者たちよ、私の最後の歩みに同伴してくれている者たちよ、天の言葉が最初に発せられるのは、私の勧告を聞き届けているあなたたちなのです。あなたたちは私の最後の証人です。私の最初の信奉者、告知者となってください。小さく誠実な絆であってください。そしてその周りにより大きな絆がますます広がりながら結びついていけるようにしてください。私がしばしば語った言葉を思い出し、あなたがたに語った話を信頼してください。私とともにいた主は、あなたがたの勇気、あなたがたの思慮深い力とともにあるでしょう。同じようにして、あなたがたは、主が真実の証を立てながら、そしてその活動を押し進めながら、私とともに墓穴のところまで来るのを見るのです」。——けれどもこう考え、語る人もいます。「あのような者はせいぜい賞賛をまだ見つけ出すだろうよ！」　彼らに対してあなたがたは答えます。「あなたがたは自らを軽蔑しているのだ。愚か者よ、いつも遠くばかり見続け、自らなすべきことを他人に求めるような愚か者の心よ、生命力溢れる心葉が種子から芽吹いてくるように成長しなさい。そうすれば茎や幹や枝や小枝は頂点を目指して自らを創り上げていくでしょう」。

　そして、ごらんなさい。あなたの唇は永遠に閉じ、あなたの口は沈黙しています。あなたはその生の完成へと向かっているのです。つまり「沈黙と行動」[29]へと向かっているのです。それは先頭をきって戦う友によってあなたに向けられる合言葉であり、あなたによって示されながら私たちの耳になお響き続けるのです。「沈黙と行動によって、奥深くまで迫っていくような洞察によって、そして統一を創り出す行為によって、私に感謝してください」。

　それゆえ天はあなたの思想を告げ、光を投げかけているのです。ちょうど、播かれた種の上に、その種が芽を出し、幸運にも地上で根付き、伸びていくことができるように、暖かい太陽の光で照らすのと似ています。そしてその一方で天はあなた自身を、あなたがここで不断に創り上げようと苦労してきた、より高貴な共同体を目指した、より自由な活動へと導くのです。

さらに、ごらんなさい。ここには乳飲み子を抱え、愛しい子どもたちの手を引いた母親たちが立っています。彼女たちは思い出しています。あなたが自ら力と「話の炎」とによって人間の精神へと至る道を切り開いたことを。のみならず、歌の響きとともに、心地よい夕風のようにざわめきながら、また新鮮な朝の息吹のように愛撫しながら、母親や子どもたちの心のなかに入り込んでいったことを。それゆえ、あなたにもう一度、真理に満ちた、喜びと感謝の心から歌われる歌を捧げさせてください。

　こうしてあなたは降ろされる。
暗く深い墓穴のなかへ。
光と天空へ
私たちを導いてくれたあなたは
地中に横たわらねばならない。
移ろいやすいものの犠牲になりつつ

私たちの心をこの世から
解き放つためにあなたはやって来たのか？

ああ、あなたの瞳が閉ざされた時、
天は覆い隠されていた。
目に涙が溢れるように、
雲が重くわき上がった。
夕暮れに、不安そうな
ポプラのざわめきが聞かれる。
天使が言葉を交わすかのように
嘆きの歌のように響きながら。

ああ、信じることはできない。
この悲しい出来事を。
宝が奪い去られることを。

満足のうちにそれを見つめ、
そして元気づけられた、
心に刻まれた愛すべき宝。
乳飲み子の回らぬ舌はそれを探し求め、
彼に向けて歩みを変えた。

　野山よ、永遠の足跡を包み込みながら、
彼のまなざしがあなたを照らし、
あなたのなかに法則と幸運を読み取った時
あなたは喜ばなかったろうか。
天よ、そして天蓋よ、あなたも
喜んで彼に挨拶しなかっただろうか。
彼はすべてを包み込みながら見ようとした。
そして星の世界を頼りにした。

こうして自然はあなたに捧げられた。
あなたはどれほど彼と人間と親しかったことだろう！
彼は時代の主張を叫んだ。
さあ、私たちの子どもらに生きようではないか！
ああ、彼がそうしたように、あなたたちは
どこで統一を、可愛い子どもたちを、見出すのか？
心を解き放つことができる者は
あなたたちの創造力を呼び寄せるのか？

子どもたちの口はまもなく問うだろう。
「お母さん、あの人は一体どこにいるの？
あの人のところに連れていってくれるの？」
子どもたちの予感の跡は請い求めるだろう。
「彼の瞳を見せてください。
太陽の輝きのような柔和な瞳を。

彼の吐息で包んでください。
彼と楽しく遊ばせてください」。

若い女性たちよ、これからは誰があなたがたに説くのか？
胸の奥深くにわき起こることを。
誰があなたがたを源泉へと導くのか。
甘美な光が飽くほどの飲み物を与えてくれる源泉へと。
将来の人類のための高貴な召命を、
誰があなたがたに明らかにするのか？
この上なく純粋な炎で満たしつつ、
方法と手段を正しく示すのは誰なのか？

尊い努力を続ける若者たちよ、
あなたがたはどこで指導者に出会うのか？——
この炎のような生を見よ。

勝利に至る道を見出した生を。
少年に心を打ち明けるもの。
高い目標としての真理を
彼は辛抱強く求めて戦った。
遊戯のなかでそれを実践するほどにまで。

ああ、誠実な母親たちよ、どこであなたがたは探すのか？
最良の友を。
辛いことを遠ざけ
幸運をもたらした友を？
行きなさい、彼はあなたがたのために園を創っている。
繊細で可愛らしい植物の園を。
彼は教えている、尊厳をもって子どもたちを世話することを。
神的存在として育てることを。

　広い故国の
地方に住む男性たちよ、そして父親たちよ、
さあ、あなたがたはどこに統一を見出すのか？
精神に忠実な統一を。
放浪者よ、あなたは引き寄せられてやって来る。
この驚くべき広間へと。
あなたの探し求める彼は飛び去った。
彼のマリーエンタールを見よ。

　そう、それは神聖な場所。
美しく純粋な人間性の場所。
そこでは思考と祈りのなかで、
精神がより高く解放される。
そこでは活動の意欲のなかで、
最高の証を求める努力が続く。

すなわち、「気高さ」に満たされた
「生の合一」と呼ばれる証を。

そこでは自然という殿堂のなかに
牧師が入り、
貧しい者のところへ喜んで駈けつけた。
源泉の跡を探し求めてきた者のところへ。
彼は豊かに満ちた泉の水で
どれほど人々に飲み物を与えることができたことか！
彼らを最も奥深い理由へと導き、
高い目標へと至らしめることができたことか！

教師たちよ、あなたがたが
苦労と心配によって押し潰された時、
彼の情熱はあなたたちを呼び起こす。

重荷が彼にとって喜びであったように、
彼の精神の炎を思い出しなさい。
この美しいリーベンシュタインで。
そこでは彼が最後に一緒に
あなたがたを統一へと招いた。

友よ、あなたがたは絆を結びなさい。
確かな理由を問いなさい。
彼の考え方があなたたちを貫いて流れるようにしなさい――
「人類のために！」と彼の口は語っている。
そう、あなたは忠誠を保ち続けてきた。
友はそれをあなたのなかに信じ続けてきた。
ああ、彼が聖なる作用に対してどれほど感謝していることか。
その信仰心から何物も奪われなかったことに対して。

あなたがたは愛を見つめなさい。
墓標のそばでも消え去ることのない愛を。
ああ、彼は天の衝動を呼び覚ました。
いかなる時空間においても消えない衝動を。
ごらんなさい、どれほどの愛が一面に溢れているかを。
信頼と心の熱中とをもって
彼がたっぷりと注いだ
溢れるほどの熱い涙によって。

　そしてあなたは私たちのなかから消え失せる運命なのか？
私たちのすべてであるあなたよ？
イエス・キリストという要石に
早くから依って立っていたあなたよ？
彼の聖約を敬っていたあなたよ？
その聖約は私たちに慰めを約束している。

あなたは人生の終わりにも祈りながら教えている。
「父なる神よ、息子よ、そして聖霊よ、アーメン」。

　そのような生が消えることがあるのだろうか。
すべての人々の幸福のために努力を重ねてきた生が？
錆や蛾は
埃でできた宝しか求めることができない。
それとは違って、熟れた果実は
生という木から落ちてくる。
その殻を脱ぎ捨て自由になって
より自由に生に昇ってくる。

　そして彼は私たちに言葉を残している。
「私は死ぬことはない！」と。
さあ、自然をしっかり掴もう。

母親のように語りかけてくれる自然を。
彼が子どものように固く信頼した自然を。
神の書物、そして徽章としての自然を。
彼は叫ぶ、「さあ、私をはっきり見なさい。
薔薇の木、それは私の表象です」。

もはや何も残っておらず、
古い若芽も落ちてしまう時、
彼はすぐに根を促して、
新しい世界をより豊かに創り出していくだろう。
あなたは若返って復活するだろう。
一点の隈もない美しい輝きのなかで。
あなたの神の精神は風とともに運ぶだろう。
私たちを光線の輝きのなかへ。

最後に彼は喜びながら語った。
「もう一度オレンジの木を持ってきてください」。
それは明澄さと、苦しみのなかの慰めを与えてくれる。
発達は夢ではない。
その木のなかに私の一度限りの生を見なさい。
その木のなかに人類を見なさい。
オレンジの木が葉や花をつけるのを見なさい。
果実が実り、成熟していくのを見なさい。

神よ、彼を送ってくれたあなたに感謝します。
この崇高で澄んだ精神を送ってくれたあなたに。
彼の活動を誠実に完成させ、
そして引き続き私たちに影響を与えているあなたに。
あなたは彼をどれほど神々しくし続けることでしょう、
あなたの至福の顔つきによって。

ああ、それゆえ私たちにもたらされますように
統一と、光と、義務を果たす力が。

この歌詞に含まれる「真理」が多くの人々の目に感動の涙を誘った。柔らかな香油のように埋葬の歌の響きは心のなかを流れていった。今やその歌は男性の合唱によって歌われ始めた。

　私の身体よ、短い休みの後で
おまえは蘇るだろう、私の身体よ。
おまえを創った神は、不死の命を
おまえに与えるだろう。
ハレルヤ！
　ああ、最も聖なるものへと私を導いた
私の仲介者。それによって私は生きる。
聖域のなかで、

神の栄光を目指して。
ハレルヤ!

牧師が墓標に近寄りながら願いを述べた。神が是非私たちの皆に、この「正義の人」のような死を与えてくださるように、と。それから彼は主祷文の祈りを捧げ、故郷へと帰っていった者に対する祝福の言葉を述べた。その後で彼は手のひら一杯に土を三度掬い、次の言葉とともにそれを墓穴に投げ入れた。「あなたは土からできており、土にならねばなりません。しかし再び土のなかから蘇らねばなりません」。それから次々に感謝や愛情を込めた望みの言葉が墓穴に向けて発せられた。私のそばに立っていたエルンスト・ルター氏もまた歩み出て、震える声で墓穴のなかに叫んだ。「私もあなたに感謝しています!」——冠や花束が子どもたちや若い女性の手によって続々と投げ入れられた。彼らのなかのひとりが瞳を涙で輝かせながら歩み出て、胸につけていた花を投げ込んだ。その光景は私を心から感動させ、わずかな贈り物さえも持っていなかったことを悔やんだ。その時、突然私には思い浮かんだ。そうだ、おまえもひとつ持っている、と。そして喜んで私はその歌詞の書いてある紙片を墓穴に捧げた。

そのようにして、亡くなった友への心からの共感が表された。参列している人々の間を、信頼と幸福の親密な絆が自然に取り巻いていた。その様子は、ひとりだけであろうと、何人かで集まって参列していようと、すべての人々の間に見られた。しかしとりわけ、落ち着きと快活な確信が、心地よさと感動のなかに表れていた。

それはあたかも、完全なる出発を前にして高貴な人物がもう一度公然と現れ、彼の口調で次のように語っているかのようであった。「あなたがたに何度も言ったように、起こったことは皆私と結びついており、幼稚園の事業を促すに違いありません。そのことを神は今自然を通してあなたがたに話して聞かせています。そしてまた、私の存在と努力は個々の人々によって正確に詳しく述べられています。そして最後にあなたがたは皆、私の生をもう一度感じ取り、鏡のなかを見るようにあなたがたの魂のなかでもう一度繰り返して、語りました。けれどもこの三つの項は一致と調和のなかで示されるのです。それゆえ安心しなさい。三位一体を認識することから新たな生が生じてくるのです。さあ、行きなさい、そして生命力ある真理の芽を皆で結束して冷静に育みなさい」。――そうして、参列していた友人たちは、元気づけられ、納得し、澄んだ心をもって、さまざまな方向に向けて帰っていった。そして、夕方の静けさがその一帯の山や谷の上に降りていくように、より高尚な平穏の翼が人間の精神と心情の上に広がっていった。

遠方からも、心からの暖かい共感が表され、贈られた。それは時には子どものような感謝の心情によるものであり、また時には名望ある広く知られた精神の持ち主からのものであった。また同じように、近くからも、すべての家から、すべての陋屋から、子どもから年寄りまで、さらに高貴で裕福な家庭からもそれに負けぬほどの強さで、哀悼の言葉が語られた。それによって人々はその高尚な人間性を最も純粋な深い尊敬の念のみに結び付けて思い出し、その意義を評価することができるわけである。痛惜の念がこのように至る所で表されたことは、一方では関係者にとっては感動的でありまた心強いものであったが、しかしそれは他方ではまた、次のことを示すものではなかろうか。つまり、その対象——それを失うことに強い衝撃を受け、嘆かれるところの対象——が注目と愛情を向けられるにふさわしいに違いないということ、そしてまた、ひとつの生と考え方が——それがどうしても誤解に直面してしまったのと同様に——最も高潔な人物の崇拝をそれほどまでに深く意のままに操ることは不可能だ、ということを？——

別れた者に対する、しかしなおその精神を伴って現前しているものに対する、このような愛情のこもった崇拝が生き生きとしたものであればあるほど、それは感情の枠内に収まっていることがますます少なくなり、行動による表現へとますます突き進む。フレーベルと私たちに関しては、この行動による表現はどのような性質を持ちうるのであろうか？

　フレーベルの生は魂の前に立つ大きな感謝として存在している。彼は過去の偉大な人間の精神を拠り所として育った。彼はそうした人々の努力を、さまざまな段階において、さまざまな方向から、ひとつの目標へと向かわせつつ、自らのうちで統一しながら、彼の生のなかで引き続き創り上げ、彼らの込めた意味においてさらに導いていくことによって、彼らに対する感謝の意を示そうと試みたのである。そのことはまた個々の生の事実のなかにもかなり表れていた。例えば、一八一七年の宗教改革三〇〇周年を祝う記念の年に、フレーベルは「ルターの生ける記念碑」を創設した。彼にとって死せるものはすべて厭わしく、彼を満足させることはなかった。けれども彼はそれによって、ルターの生と意志を自ら掴もうとしたのであった。彼が私たちにもたらしてくれた光は、教育を通して、暗闇と無教養のなかにある彼の後裔たちの上に――彼が私たちにしてくれたように――彼らの精神を高揚させながら、再び差し込むに違いないのであった。――また例えば、一八四〇年の印刷術発明の四〇〇周年を記念して、フレーベルはグーテンベルクの記念碑として「**ドイツ幼稚園**、ドイツの女性と若い女性のための施設」を創設した。それは、印刷術によって普遍的なものとなった人類の光を、芽吹き始めた人間世界の感受性の強い心のなかに、暖めつつ、目を覚まさせつつ、導き入れるためであった。その思想を純粋に中核の部分から創り上げ、それをひとつの革新的で統一ある国民的施設へと導いていくために、その死に至るまでの間、どれほどの努力と犠牲を、またどれほどの献身と骨折りを、彼が必要としたことであろうか！――それゆえ彼の壮年早期の生活はペスタロッチーに対する感謝として特徴づけられよう。彼はペスタロッチーの努力を科学によって全面的に基礎づけようと試み、また母親や子どもに対するペスタロッチーの高潔な愛情を徐々に実現させていったのであった。カイルハウにおける一般ドイツ教育施設の創設は、明らかに、アルプス地方に住む開拓者が抱いた希望を意図的に、そして意識的に実行したもの、心から尊敬する友人に対する無言の行動による感謝の表明であった。つまり、彼の心情の深みは、人類の高潔な慈善家、最高の教育者に対する純粋な感謝の輝きで満たされていたのである。けれども彼はその気持ちを口の端にのぼせることはしなかった。またそれを感情の枠内に抱き、文字に記録してとどめておくだけでは不十分であると考えた。そうではない。彼によって啓示された聖なる真理を人間の存在のなかに再発見すること、その真理を自然の普遍の法則のなかに読み取ること、その真理を乳飲み子のなかに、子どものなかに――神はその子どものなかに力を整えようとしているのである――証明すること、か弱い心情のなかに生命を与え成長させ開花させること――これらのことは彼の不変の生の感謝であり、まさにそのため、清廉で感受性の強い心は彼に否応なく惹きつけられるように感じたのであった。

それゆえ、このように彼の生を見ているうちに、その生を「生ける記念碑」へと高め、また影響を与え続ける、行動を通して示される感謝へと高めていくよう、私たちの感情に対しても使命がせきたてられるのである。その記念碑がどこに立てられるべきか――これを認識するのは困難なことではなかろう。というのも、未来の幸福は私たちの子どものなかに眠っているという彼の確信によって、私たちの心が満たされるのを、私たちの心は感じないであろうか？何ものにもまして最初の教育的養育が大切であること、そしてまたこの最初の養育は母親の手のなかに、子どもの連帯のなかにあること――私たちはこのような洞察へとたどり着いているのではなかろうか？――そのなかから導き出される、私たちが行うべきことは、十分な吟味の後に次の結びの言葉のなかで個々人に示されよう。

結びの言葉

偉大なる精神は、この世から去る時、その効験のなかで神聖にされた者たちに対し、彼の事業を祝福に満ちたさらなる展開に向けて力の限り促進するという聖なる義務を残すのである。

Fr. フレーベルが担ってきた偉大なる真理、最初の教育の形を変えていくための示唆に富んだ発明の意義を認める者、そのやり方に倣って人類の幸福に貢献する努力への生気を与えられた者、そのような者は、フレーベル式の教育事業を継続することを課題とする連携を要求していくことに賛同するであろう。そのための適切な手段として次のことが考えられる。

一、フレーベルの説く教育の原理を、とりわけ母親たちのなかに、書物や口頭での説話を通して、そのための十分な能力を身につけているフレーベルの教え子たちによって、可能な限り広めていくこと。

二、新しい幼稚園を、公的にも、また家庭のなかにも、創り出すこと。並びにフレーベル式の遊具を家庭のなかに導入すること。

三、これまでに刊行された「フレーベルの事業のための雑誌」の企画を継続し、拡大を図ること。またそれを、協力的な参加、拡充、読者からの寄付などによって支援すること。

追記。フレーベルの友人は、この冊子をさらに広く布告し、彼らの仲間への協力的な参画を促し広めることに尽くされたい。

Ⅷ・補　遺

これから実行されるべきこのような要求が示された今、この意味においてすでに生じていること――たとえそれがほんのわずかな始まりにすぎないとしても――を知ることは、読者にとって決して好ましくないことではないであろう。

フリードリッヒ・フレーベルの最後の誕生日を機会に、まずバーデンのゲオルゲンス博士の呼びかけで、マリーエンタールの教育施設の支援と拡張にどのように寄与するかについて話し合う集会が開かれた。その集会の結果は、いくつかの点でまったく満足のいくものであった。ハンブルクとライプツィヒには、フレーベルの事業に理解を示す男女の協力者たちからなる自主的な協会が結成された。前者の協会はすでにその資金でひとりの若い女性を幼稚園の女性保育者として養成すべくマリーエンタールに送った。後者の協会が出した布告は以下に掲げるとおりである。それ以外にも、バーデン、カッセル、リーベンシュタイン、ドレスデン、フィリップスタール、ヴァイマールなどに住むフレーベルの支持者たちは、ある者は三か月分の、ある者は一年間分の出資金を、この雑誌の編集局に送付してきた。集められた総額で約六〇ターラーにおよぶ資金は、フレーベルの明確な指示に従って、授業料の半額免除制度を創るために使用された。つまり、マリーエンタールでの教育課程に参加する若い女性のために、その謝礼の半分として支払われたのである。ある高貴な女性の寄贈者から寄せられた喜捨もまた同じ目的のために使用された。彼女は、フレーベルの事業への温かい参画という点では、いつもと同様、今回もまた抜きん出ている人物であった。

ライプツィヒに住むフリードリッヒ・フレーベルの協力者たちは以下のような布告を公布した。

布告

フリードリッヒ・フレーベルに、また彼によって
設立された

幼稚園に
好意的な関心を持つ
すべての人へ

　よりよい時代を望む人々よ、若い世代の教育の改善を支援しましょう。年少の子ども時代から、青少年の教育を純粋に自然に沿った、そしてキリスト教的道徳に沿った基礎の上に創り上げましょう！　ペスタロッチーと彼の活動は、依然として十分に広く認められているとはいえません。彼は家庭のなかの母親を教育者にしようと望んでいました。彼の「ゲルトルート」は私たちの時代においてもなお女性にとっての教育の理念です。私たちは、若い人類の教育をその最初の段階から引き受ける能力を女性たちに授けねばならず、また彼女たちの本質的召命、つまり教育的召命に献じられる手段を彼女たちに手渡さねばなりません。

　施設には至福に満ちた活動が十分に整っています。しかしそこで教育方法や教授方法を喜んで学ぼうとする人々には、しばしば資金が十分ではありません。女性の心のなかにはどれほど多くの教育的才能が眠っていることでしょう。孤立した、あるいは抑圧された立場にあって、仕事や満足が得られないとしても、どれほど多くの若い女性が喜んでその施設に入りたがっていることでしょう。しかしながらそのための資金がないのです！

貧しい人々もまたペスタロッチーやフリードリッヒ・フレーベルの説くような女性教育者になることができるよう、マリーエンタールに授業料免除制度を創ることが大切です。人間の友は、若い男性を学ばせることができます。けれども、若い女性がその施設に入るための負担を軽くするには、その何倍もの労力が必要なのです！　この善き事業の理解者には、

フレーベル基金

への寄付の要請とともに、この尊敬すべき老翁に対し、彼の施設への支援と並んで祝祭の贈り物や愛情のしるしを贈る機会が与えられます。

同時に、フリードリッヒ・フレーベルと書簡のやりとりを行ってきた私たちは皆、故人によって明確に述べられた希望をお伝えいたします。それは、何らかの点でその内容がフレーベルの教育理念に関係している手紙のすべてを彼の未亡人に送り、その写しを取ることができるようにする、というものです。私たちがこれによって未亡人から与えられ

た任務を果たすことにより、私たちは皆、永眠した師の遺志を履行するであろうという期待を、自信をもって語ることができます。この使命の目的は、その手紙の内容――それはたしかに個々人に宛てられたものですが、しかし人類全体の幸福が考えられたものです――を全員の財産にもすることであり、そのために意志が統一され対策が立てられました。掉尾ながら、手紙のなかの純粋に個人的な事柄にはすべて十分に注意が払われ、細心の配慮とともに使用されることに関しては、言うを待ちません。

代母の書状

フレーベルはこの書状を、一八〇二年以降、彼の記名簿のなかに保管し、その死に臨んでミッデンドルフに読ませた。

「愛しい受洗者よ！　今日のこの日、あなたに天からの恵みを授ける勤めを、そして素晴らしい栄誉のために私を遣わして下さった勤めを、果たすことができるという喜びで、私の心がすみずみまで満たされていないはずがありましょうか？　さあ、私の友よ、目覚めなさい！　私の愛しい人よ、こちらに来て私の腕のなかで安らぎなさい。この腕で私はあなたを聖別されたイエスの洗礼盤へと差し出すのです。これより先、この私たちの救世主はあなたとともにあり、正義と恩寵と慈悲のなかでその秘奥を打ち明けていくでしょう。お聞きなさい、息子よ！　このことに気をつけ、彼があなたの人生の夕暮れにあなたを永遠の眠りへと呼び寄せるその日まで、変わらぬ忠誠をもって、今あなたのものである最高の魂の友を支えとしなさい。愛情を込めてあなたを愛している代母の誠実で善意に溢れた訓戒に従いなさい。

ノイハウス、一七八二年四月二三日
ヨハンナ・クリスティーナ・フリーデリカ・ケンプフィン

―

フレーベルが亡くなった後のバーロップの言葉。「フレーベルの死の床にあって彼を最も美しく飾りつけていたものは、その安らぎに満ちた、すべてを喜び感謝しながら受け入れる心情でした。フレーベルのように、そうした快活さと穏やかさのなかで死を見つめることのできる人――そうした人こそ、高潔な人間なのです」。

訳注

＊以下の訳注では次の二つの文献を略称で記した。

・小原國芳・荘司雅子監修『フレーベル全集』全五巻、玉川大学出版部、一九七六―一九八一年。→『フレーベル全集』

・Zeitschrift für Friedrich Fröbels Bestrebungen zur Durchführung entwickelnd-erziehender Menschenbildung in allseitiger Lebenseinigung, herausgegeben von Friedrich Fröbel und seinen mit ihm geeinten Freunden, redigiert von Bruno Marquart. Bad Liebenstein, 1851-1852, 6 Hefte. → ZfFFB

1 一八四八年のドイツ三月革命。二月以降ヨーロッパ各地で勃発した一連の革命はウィーン体制の崩壊を招いた。

2 教育者会議は八月一七日から一九日にかけて開催されたが、参加者は必ずしもフレーベルの信奉者ばかりではなく、初日の午後に野外で長時間行われた子どもの遊戯もフレーベルへの批判を高める結果になった。

3 実行委員会のメンバーは、幼稚園や国民学校の教師、児童文学作家などからなる。なお、ここには記されていないが、実行委員会にはもう一人、ドレスデンの国民学校教師ヒーレ(E. F. R. Hiehle)が加わっている。

4 一七二一年から一九三四年にかけて刊行されたベルリンの新聞。リベラルな論調で、プロイセンで広く読まれた。

5 一八四八年から一九四四年にかけて刊行されたベルリンの風刺雑誌。

6 Durchgreifende, dem deutschen Charakter erschöpfend genügende Erziehung ist das Grund- und Quellbedürfnis des

deutschen Volkes. (Erfurt, 1821) In: Hans Zimmermann (Hrsg.): Fröbels Kleinere Schriften zur Pädagogik. Leipzig 1914, S.150(『フレーベル全集』第一巻、第六章「箴言」、四一三頁)を参照。

7 Karl August Varnhagen von Ense 一七八五—一八五八。作家、文芸批評家、外交官。サロン主宰者で妻のラーヘル(Rahel)ともどもフレーベルと親交があった。一八五一年九月一〇日付けの日記では幼稚園禁止令を出した大臣フォン・ラウマーを「愚かな大臣」と記している。

8 正式名称は『フリードリッヒ・フレーベルの週刊誌：人間陶冶のすべての支援者のための統一誌 Friedrich Fröbel's Wochenschrift. Ein Einigungsblatt für alle Freunde der Menschenbildung』。一八五〇年から翌年にかけて全五二号が刊行された。

9 正式名称は『全面的な生の合一における発達的—教育的人間陶冶の実現のためのフリードリッヒ・フレーベルの事業に関する雑誌 Zeitschrift für Friedrich Fröbels Bestrebungen zur Durchführung entwickelnd-erziehender Menschenbildung in allseitiger Lebenseinigung』。一八五二年九月までの間に全六号が刊行された。

10 Friedrich Seidel (Hrsg.): Friedrich Fröbel's Kindergartenwesen. Wien und Leipzig 1883.

11 Brief Friedlich Fröbel an Bertha von Marenholtz-Bülow, Mariental November 1851. In: Friedrich Fröbel Ausgewählte Schriften, Bd.1: Kleine Schriften und Briefe von 1809-1851, herausgegeben von Erika Hoffmann, Godesberg (Helmut Küpper vormals Georg Bondi) 1951, S.134-145.

12 フレーベルは一八五一年八月二五日、最初の公式声明をヒルトブルクハウゼンの『村新聞』編集局に送っている。

13 以下の内容はマーレンホルツ＝ビュロー夫人宛の書簡(現在は残っていない)に書かれていたものと考えられている。

14 『母の歌と愛撫の歌』、一「初めての子を見つめる母の感情」(『フレーベル全集』第五巻、一五頁)を参照。

15　フレーベルの兄で看護兵であったヨハン・ミヒャエル・クリストフ・フレーベルは一八一三年に病死した。フレーベルは残された幼少のユリウス、カール、テオドールの養育を引き受け、自己の教育施設の設立という計画を実現に移した。

16　宗教改革の創始者マルティン・ルターの後裔で、当時一八歳のゲオルク・ルター（Georg Luther）と、その弟で一三歳のヨハン・エルンスト・ルター（Johann Ernst Luther）。フレーベルは貧困な生活を送っていた二人をカイルハウに引き取り、養育した。エルンストは後に石工となり、フレーベルの墓石を制作した。

17　『フレーベル全集』第三巻、第一章「カイルハウ学園のクリスマス祭の催し」、一三一―一六四頁を参照。

18　Das Stäbchenlegen als Einführungsmittel in das Wesen und den Geist, wie in die angemessene Behandlung und den rechten Gebrauch des, für die früheste und erste Stufe der Kinderbeachtung und Pflege bis zum begonnenen Knaben- und Mädchenalter. In: ZfFFB (1852), H.3, S.6-17, H.4, S.9-20, 49.（『フレーベル全集』第四巻、第二二章「棒並べ」、七三九―七八五頁）

19　Die Fröbel'sche Vorschule oder die Vermittelung zwischen Kindergarten und Schule. Ein Brief Friedrich Fröbels an eine seiner Schülerinnen. In: ZfFFB (1852), H.5, S.19-39.（『フレーベル全集』第五巻、第二七章「連絡学校」、一六九―二〇三頁）この論説は女子生徒エマ・ボートマン(Emma Bothmann)に宛てられた書簡の形式を取っている。

20　本章以降はミッデンドルフによる次の記事をもとに叙述されている。Wilhelm Middendorff: Friedrich Fröbels letztes Geburtsfest, letzte Lebenstage und Begräbnisfeier, für Freunde Friedrich Fröbel's mitgetheilt. Besonderer Abdruck aus der "Zeitschrift für Friedrich Fröbels Bestrebungen". Bad Liebenstein (Die Verlagsbuchhandlung der Kinder-Beschäftigungs-Anstalt) 1852. Original in : ZfFFB (1852), H.6.

21 シラーの詩「テクラ」の一節。なお、テクラはヴァレンシュタインの娘である。Thekla.(1802) In: Schillers Werke. Erster Teil: Gedichte, herausgegeben von Robert Boxberger: Aus Deutsche National-Litteratur: historisch-kritische Ausgabe, herausgegeben von Joseph Kürschner, 155 = Bd.118, Berlin und Stuttgart (Verlag von W. Spemann) 1887, S.195.

22 詩の出典は、Johann Gottfried von Herder's Legenden, dramatische Stücke und Dichtungen, herausgegeben von Wilhelm Gottfried v. Herder. Johann Gottfried von Herder's Sämmtliche Werke : zur schönen Literatur und Kunst, Tl.6, J. G. Cotta'schen Buchhandlung 1827, S.150. アリアドネは、ギリシャ神話のクレタ王ミノスの娘。恋人のテセウスは迷宮の怪物ミノタウロスを退治するにあたり、アリアドネから糸玉を渡され、その糸をたどって迷宮から抜け出すことができた。

23 コッタ・フォン・コッテンドルフ(Johann Friedrich Freiherr Cotta von Cottendorf)が経営した出版社。ゲーテ、シラーなどの作品を刊行し、当時最も学術的に意義のある出版社であった。

24 Karl Heinrich Wilhelm Wackernagel 一八〇六―一八六九。文献学者、文芸批評家、詩人。「子どもの瞳Kindesauge」はNeuere Gedichte, Zürich/Frauenfeld 1841, S.84に所収。

25 Adolf Diesterweg: Friedrich Fröbel. In: Jahrbuch für Lehrer und Schulfreunde, hrsg. von Adolf Diesterweg 1 (1850), S. 127-133.

26 『母の歌と愛撫の歌』、一五「ハトの家」(『フレーベル全集』第五巻、八六―九一頁)を参照。

27 Siegfried Schaffner 一八二六―一八七七。フレーベルの姪エリーゼの夫。カイルハウで数学と自然科学を教えた。

28 幼稚園のことを指す。一八一七年、宗教改革の三〇〇周年を記念してドイツ各地でルターの石や鉄の記念碑が建立されたが、フレーベルはその精神を生きた活動のなかで受け継ぐことが重要と考え、同年カイルハウに幼児教育施設を創設し、後に幼稚園として展開していった。なお、ルターの没後三〇〇周年にあたる一八四六年、ルターの生地メーラに記念碑の建立が計画された時、フレーベルはその近くにモデルとなる幼稚園(Musterkindergarten)の設立を構想したが、資金難のため実現しなかった。

29　一八〇五年、イフェルテンを訪問したフレーベルの記名簿にペスタロッチーが記した言葉の一節。

訳者あとがき――「解説」編者 エレオノーレ・ヘールヴァルトについて

本書は、エレオノーレ・ヘールヴァルト編『フレーベルの晩年――死と埋葬――』(Eleonore Heerwart: Fröbel's letztes Lebensjahr: Tod und Beerdigung. Eisenach 1902) の全訳である。現在オリジナル資料を保存しているバート・ブランケンブルクのフレーベル博物館と連絡を取りながら資料の確認を行い、不明な点をただし訳注を作成し巻末に添付した。

エレオノーレ・ヘールヴァルトは、きわめて遺憾なことに、わが国では一九世紀、世界のフレーベル研究やフレーベル運動に多大な貢献をなしたベルタ・フォン・マーレンホルツ＝ビューロー夫人(Bertha von Marenholtz-Bülow, 1810-1893) の著名さと比べ、無名といってもよい人物である。しかしながら、以下紹介するように、イギリスにおけるフレーベル運動には決定的な役割を果たしているし、ドイツ・フレーベル協会の創設、さらには一般ドイツ保育士協会の創設にも中心的な役割を果たしたきわめて重要な人物であり、とりわけ、晩年は身近かでフレーベルに尽くし、フレーベルの使徒と呼ぶにふさわしい人物なのである。

以下、わが国のこのような状況も考慮して最近のヘールヴァルト研究の動向も加えながら、やや詳しくその生涯をたどりその教育的な業績を紹介したい。

エレオノーレ・ヘールヴァルトは、一八三五年二月二四日、宮廷法律顧問ウィリアム・ギュンター・ヘールヴァルトとその妻エレオノーレ・ゾフィー・クリスティアネ・ヘールヴァルトの間に、六人の子どもの末っ子としてアイゼナハに生まれ、一九一一年一二月一九日、同地で没した幼稚園教師、教育者、著述家である。高等女学校卒業後、一八五三年五月、十八歳の時カイルハウに行き、ルイーゼ・フレーベルとヴィルヘルム・ミッデンドルフのもとで保育士としての養成を受けた。それは当時の若い女性には珍しいことであった。このことについて彼女は自伝のなかで次のように述べている。「アイゼナハでは私の知っている人すべてが、私の決断に驚きました。若い女性が職業を得るということは当時まだほとんどありませんでした。私はこの目的のために故郷を離れ、多くの女性に道を開いた最初の女性でした」。

一八六一年、エレオノーレはドイツを離れ、最初はマンチェスターで、次にダブリンで(一八六二年)、そして最後はロンドンで(一八七四年)活動した。ここで注目すべきは、ヘールヴァルトの研究家アニヤ・ダムス(Anja Dams)が指摘するように、「五二もの英語での著作」を残していることである。なかでも、一八七七年に出版された『幼稚園のための音楽』(Music for the Kindergarten)は、二九版まで出版されている。

ロンドン(ストックウェル・カレッジStockwell-College)では、最初は幼稚園の園長として、その後は保育士と教師を養成する養成所の校長として、フレーベルの理念の普及のために働いた。そこからロンドンでのフレーベル協会(Fröbel-Society)の創設に決定的な役割を果たした。これらはイギリスにおけるフレーベル教育学の普及と発展にきわめて大きな貢献を果たすことになる。

二二年間の外国での活動の後、ヘールヴァルトは一八八三年にドイツに戻る。彼女は最初ブランケンブルクに住み、そこでフレーベル・ハウスの建設に尽力した。ハウスは、フレーベル博物館、幼稚園そして保育士のための保養所として活用されるものであった。「フレーベルが六六年前に最初の幼稚園を創設した場所に、ヘールヴァルトは、フレーベルの記念として、モデル幼稚園を創ろうと望んだ。特別な「フレーベル・ハウス」は高貴な人類の友の記憶を保存すべきものであった。しかし彼女の努力は最初は望みどおりの成果を得られなかった。ほとんどの貧しい人々や地域の役所には、その事業を中心的に支えるための資金を支出することへの理解が欠如していたのである」と、アイゼナハのヘールヴァルト研究者、フォルケルト(Volkert)は「フレーベルの後継者」(一九三二年)で述べている。

消沈したヘールヴァルトは一八八五年、アイゼナハに戻った。彼女はそこにフレーベル博物館を建設した。博物館は、ルイーゼ・フレーベルの死(一九〇〇年)後、フレーベルの遺稿の一部を譲り受けることになった。さらに彼女は、一九〇七年からアイゼナハの婦人社会奉仕養成会館での保育士セミナーにおいて幼稚園教育学を講義した。これらの状況を現代フレーベル研究の第一人者であるヘルムート・ハイラントは次のように述べている。「一八八三年から一九〇六年までの時期は、エレオノーレ・ヘールヴァルトの創造活動の頂点だった。(中略)この時期彼女は、オーバーヴァイスバッハのフレーベルの生家を取り壊しから救い、牧師館のなかにフレーベル記念室を創ることを提案した。一八八〇年代、彼女は「ブランケンブルク便り」(Blätter aus Blankenburg)を編集し、フレーベルの幼稚園を広報した。この時期、ヘールヴァルトのもっとも重要な著作が刊行されている。編み物や紙切りといった遊具についての出版となならんで、とりわけ『フレーベルの理論と実践』(Fröbel's Theory and Practice, 1897)、『幼稚園の理論と実践への入門』(Einführung in die Theorie und Praxis des Kindergartens, 1901)、『保育士としての母親』(Die Mutter als Kindergärtnerin, 1904)、『フリードリッヒ・フレーベルの四つの原則の応用』(Anwendung der vier Grundsätze Friedrich Fröbels, 1906) などである」(Heiland, H.: Fröbelbewegung und Fröbelforschung. Hildesheim 1992, S. 149)。

特に注目すべきは、彼女の自伝『フレーベルのために働いた五〇年』(Fünfzig Jahre im Dienste Fröbels, 1906) である。この二巻本は「ドイツとイギリスのフレーベル運動の五〇年の歴史についての、計り知れない価値をもつ洞察」(Heiland 1992, S. 150) を提供するものである。第1巻の「まえがき」でヘールヴァルトはきわめて控えめに記している。「私の教育的な友への関心は、私自身にではなく、フレーベルに結びついています。私はフレーベルの教育方法のために一八五三年以来休むことなく働いてきました。それは私の人生を糸のように貫いています。時を同じくして、彼の理念にもとづいて創られた施設、すなわち幼稚園と保育士養成施設が広がりをみせ、私は小さな始まりから現在のような普及に至るまで、その発展をともに体験しました」(Heerwart 1906, S. V)。

このようにヘールヴァルトは、フレーベルの教育学、フレーベル幼稚園の理念のために人生を捧げた、まさにフレーベルの使徒とよばれるにふさわしい人物なのである。

バート・ブランケンブルクのフレーベル博物館、およびドナウ河畔のディリンゲンのイダ・ゼーレ・アルヒーフ(イダ・ゼーレもフレーベルの生徒)は、ヘールヴァルトの個人的な遺稿のほか、多くの出版物、写真、手紙、ヘールヴァルトによる資料あるいはヘールヴァルト自身についての資料を保存している。二〇一一年、彼女の没後一〇〇周年を記念して、イダ・ゼーレ・アルヒーフは展覧会を開催し、多くの社会教育の専門アカデミーや専門大学がプレゼンテーションを行った。

ヘールヴァルトの主な著作は以下の通りである。

・Explanation of the Kindergarten System(幼稚園解説), London 1871
・Music for the Kindergarten(幼稚園のための音楽), London 1877
・The Kindergarten-System(幼稚園), Edinburgh 1883
・Wegweiser für Mütter und Erzieherinnen bei der Anschaffung und Verwendung von

Fröbelschen Spielgaben und Beschäftigungsmitteln（フレーベルの遊具と作業教具の入手と使用法 ― 母親と保育士のための手引き）, Berlin 1897

・Einführung in die Theorie und Praxis des Kindergartens（幼稚園の理論と実践への入門）, Leipzig 1901

・Die Mutter als Kindergärtnerin（保育士としての母親）, Leipzig 1904

・Fünfzig Jahre im Dienste Fröbels. Bd. I. Bis zum Jahre 1895（フレーベルのために働いた五〇年、第1巻、一八九五年まで）, Eisenach 1906

・Fünfzig Jahre im Dienste Fröbels. Bd. II. Von 1896 bis 1906（フレーベルのために働いた五〇年、第2巻、一八九六年から一九〇六年まで）, Eisenach 1906

翻訳者は、一九九四年に刊行した『フレーベルとその時代』の執筆中、フレーベルの晩年に関する資料がきわめて少なく、結局、ヘールヴァルトに関する知識もないまま、本書『フレーベルの晩年 ― 死と埋葬 ― 』を素訳して、ほとんど生のまま引用することになった。その後、一九九六年、ドイツのフレーベル研究者、H．ハイラント、K．ノイマン等と立ち上げた「日・独フレーベル会議」（一九九八年からフレーベル国際会議に改名）において、R．ボルト

(Rosemarie Boldt)の発表(Einige Gedanken über das Fröbelverständnis von Eleonore Herrwart, エレオノーレ・ヘールヴァルトのフレーベル理解に関する若干の考察)、A. ダムス(Anja Dams)の発表(Leben, Werk und Nachlass Eleonore Heerwarts: Werkstattbericht, エレオノーレ・ヘールヴァルトの生涯、活動ならびに遺稿 ― 作業報告)などからヘールヴァルト研究に関する近況を知ることになった(Vgl., H.Heiland/K.Neumann/M.Gebel(Hrsg.): Friedrich Fröbel: Aspekte international vergleichender Historiographie. Weinheim 1999)。そしてH. ハイラントの『フレーベル研究寄稿集 ― フレーベル運動とフレーベル研究』(Beiträge zur Fröbelforschung: Fröbelbewegung und Fröbelforschung. Hildesheim 1992)を一読して、ヘールヴァルトの位置を確認することになった。

　自書『フレーベルとその時代』刊行から二〇年、紆余曲折はあったが、今回、野平慎二・愛知教育大学教授の協力を得てフレーベルの使徒エレオノーレ・ヘールヴァルトをわが国に紹介できたことは感慨無量である。

　末尾ではあるが東信堂の下田勝司社長に感謝の誠を捧げたい。学術出版のきわめて厳しい状況の中、今回もまた刊行の時期を日本ペスタロッチー・フレーベル学会大会開催時の八月末と指定する中でその刊行を快諾されたのである。

平成二六年六月三〇日

小笠原道雄

（なお、この「訳者あとがき」の執筆にあたり、M．R．テクストール編『幼稚園教育学――オンライン・ハンドブック』からマンフレート・バーガー「幼稚園の歴史のなかの女性――エレオノーレ・ヘールヴァルト」も参照したことを付言したい）

原編者紹介

エレオノーレ・ヘールヴァルト(Eleonore Heerwart 1835-1911)。ドイツ・アイゼナハ生まれの幼稚園教師、教育者、著述家。フレーベルとその教育学並びにフレーベル幼稚園の理念のために尽力。イギリスのフレーベル協会(Fröbel-Society)の創設に役割を果たし、イギリスにおけるフレーベル教育学の普及と確立に貢献。1892年、一般ドイツ保育士協会創設,協会「会報」や「ブランケンブルク便り」等編集。英語、ドイツ語による膨大な著作を残す。著作:『幼稚園のための音楽』(1877),『幼稚園』(1883),『フレーベルのために働いた50年』(全2巻, 1906)等。

訳者紹介

小笠原道雄(おがさわら みちお 1936-)。広島大学名誉教授(教育学博士)、ドイツ・ブラウンシュヴァイク工科大学名誉哲学博士(Dr. phil.h.c.)。北海道教育大学、上智大学、広島大学、放送大学、ボン大学(客員)教授を歴任、現広島文化学園大学教授(子ども学)。主著:『現代ドイツ教育学説史研究序説』、『フレーベルとその時代』、『精神科学的教育学の研究』、"Pädagogik in Japan und in Deutschland"— Historische Beziehung und aktuelle Problem— , Leipziger Universitätsverlag(2014)等。

野平慎二(のびら しんじ 1964-)。愛知教育大学教授。広島大学大学院教育学研究科博士課程修了。博士(教育学)。この間、ドイツ学術交流会(DAAD)奨学生としてリューネブルク大学留学。主著に『ハーバーマスと教育』、翻訳書にK.モレンハウアー『子どもは美をどう経験するか』(共訳)、K.モレンハウアー『回り道—文化と教育の陶冶論的考察』(共訳)、『ディルタイ全集』(第6巻　倫理学・教育学論集、共訳)等。

フレーベルの晩年—死と埋葬—

2014年8月30日　初版　第1刷発行　〔検印省略〕

定価はカバーに表示してあります。

印刷・製本／中央精版印刷

組版／井上俊雄

訳者©小笠原道雄・野平慎二／発行者 下田勝司

東京都文京区向丘1-20-6　郵便振替 00110-6-37828

〒113-0023　TEL(03)3818-5521　FAX(03)3818-5514

発行所 株式会社 東信堂

Published by TOSHINDO PUBLISHING CO., LTD.

1-20-6, Mukougaoka, Bunkyo-ku, Tokyo, 113-0023, Japan

E-mail : tk203444@fsinet.or.jp　http://www.toshindo-pub.com

ISBN978-4-7989-1244-8 C3037 © M.OGASAWARA, S.NOBIRA